EMILIO ISGRÒ
con CHIARA GATTI

Io ~~non~~ cancello

La mia vita fraintesa

SOLFERINO

Si ringraziano

[redacted]

Archivio Emilio Isgrò

Benedetta Banci, Marco Bazzini, Michele Bonuomo, Christian Cremona, Serena Colombo, Bruno Corà, Giacomo D'Amico, Rebecca Faggion, Giuliana Ferrari, Angelica Fontana, Eliano Lodesani, Claudio Lucchesi, Stefania Maccarrone, Renata Cristina Mazzantini, Monia Pavone, Matteo Reale, Paola Siniramed, Salvatore Trifirò.
Un ringraziamento particolare a
Federico Pietranera

Un ulteriore sentito ringraziamento a tutti coloro che negli anni mi hanno sostenuto e aiutato.

SOLFERINO

www.solferinolibri.it

ISBN 978-88-282-1583-7
Prima edizione: novembre 2024

Io ~~non~~ cancello

A Scilla,
scintilla della mia vita

Pacenzia ci voli a li burraschi,
ca nun si mangia meli senza muschi.

PROVERBIO SICILIANO

«Io comincio a cancellare, con il pennello numero uno.»

Emilio Isgrò stende il foglio con il palmo. Stappa un vecchio barattolino di uova di lompo che contiene, come un elisir, un inchiostro nero e grasso.

«Il rituale è questo. È un lavoro lentissimo. Ho bisogno di luce.»

E accende una lampada da tavolo che ha la molla rotta. Un piccolo bronzo di Riace (quello senza un occhio) fa da contrappeso al paralume che pende verso il basso.

Isgrò lo muove, un po' più su, un po' più giù, per trovare la posizione giusta, mentre raddrizza lo sgabello di legno davanti alla scrivania.

«Mi metto qui. Cerco qualcosa per lavare il pennello che, se si indurisce, siamo fritti.»

Allunga la mano e afferra un foglietto di carta igienica per asciugare il pennellino sottilissimo.

«È un lavoro monacale, da antico amanuense» dice e annusa l'inchiostro.

La luce entra dai finestroni che, in via Martiri Oscuri, a Milano, affacciano sul cortile di un oratorio. Le urla dei bambini invadono la stanza, ma Isgrò prosegue silenzioso.

Fa scivolare il dito lungo il testo, in cerca di parole da salvare.

«È *L'infinito* di Leopardi. Un collegio di professori universitari giudicherà il mio lavoro. Speriamo bene.»

Scorre con l'indice e legge veloce, sussurrando.

Sempre caro mi fu quest'ermo colle,
E questa siepe, che da tanta parte
Dell'ultimo orizzonte il guardo esclude.

«Cerco un pensiero assoluto per riportare la parola al *logos*. A volte so già quali parole cancellerò. Altre volte attacco cancellando e poi, procedendo, scelgo ciò che dovrà sopravvivere.»

Si aggiusta gli occhiali sul naso e ricomincia a leggere, saltando le righe a caccia di una combinazione giusta.

sedendo e mirando

Spazi sovrumani
Silenzi come il vento

Saltella ancora. Pesca le parole lungo il testo, lasciandosi colpire dal senso, ma anche dal loro modo di affiorare dalla pagina, graficamente. Testa soluzioni diverse. Le pronuncia fra le labbra.

Odo quello Infinito silenzio / odo l'eterno / odo il suon di lei.

«Bello questo!»
Il pennello cancella le prime parole.
Ne salta tre. Ricomincia a cancellare. Ne salva una. Ricancella. Ne salta un'altra. Cancella ancora e ne salva due. Alla fine del primo intervento, la metrica di Leopardi acquista un ritmo lento, pausato, gli endecasillabi cedono il passo a una poesia minimale.

Io per poco / questa voce / dolce / mare

«Al principio devo mantenere una certa fedeltà al brano originale, prima di svirgolare con le mie idee, per ottenere un nuovo testo. C'è sempre un intreccio fra lo scritto iniziale e la nuova struttura linguistica che io vado a creare.»
Si alza dallo sgabello e si allunga verso l'altro lato

della scrivania per afferrare alcune copie della poesia su cui ha agito in modo diverso.

«Qui, per esempio, ho lasciato "Silenzi / Infinito silenzio / mio". Poi cancellerò anche il simbolo dell'antica Stamperia delle Muse di Bologna, che nel 1826 pubblicò *L'infinito*, primo dei sei idilli della raccolta *Versi del conte Giacomo Leopardi*. Nell'occhiello davanti al frontespizio spicca il disegno di una cetra decorata d'alloro. Vorrei cancellarla con l'oro. Deve essere curata, ma non leccata. Quando più, quando meno, tendo a fare emergere la parola che sale in alto, la sottolineo appena. In altri tempi, le cancellature erano più gestuali. Forse potrei tornare a farlo. Non so. Ma anche quello che potrei fare più gestualmente non sarà mai impulsivo e precipitoso. Anche perché, visivamente, deve avere un certo ordine. L'ordine delle parole e del pensiero umano rimane sempre.»

Alle dieci del mattino lo studio brulica di gente. Collaboratori, assistenti, trasportatori che caricano e scaricano opere in arrivo o in partenza per mostre e gallerie. Isgrò dispensa rapide indicazioni poi si apparta alla scrivania per lavorare in pace. Ha l'aria serena nella felpa grigia che indossa come una comoda tenuta da lavoro, una seconda pelle casalinga, indumento fuori del tempo e del ruolo, ma dentro il quale – come Denis Diderot con la celebre vestaglia blu che scaldava le sue notti parigine in un rifugio da *bohémien* – la mente ragiona più in fretta. È in perenne agguato e movimento. Solo messa a suo agio la mente si concentra; solo al riparo dalle distrazioni ordinarie trova le soluzioni della propria originalità, dell'invenzione libera da saperi stabiliti, sguinzaglia la curiosità, l'erudizione, le fantasticherie e gli illusionismi, il giudizio e l'ironia, strappando i veli di una cultura dell'apparenza che si nutre solo di cliché e perbenismo.

«Con un sorriso soave dirò tutto il contrario di quello che dicono gli indottrinati. L'arte è libera e non ha partito. Ricordiamoci la fierezza con la quale Vittorini difese la libertà dell'arte davanti a Palmiro Togliatti: l'arte non può suonare il piffero per la rivoluzione. Io dico che l'arte non può suonarlo per nessuno. L'arte è una forza autonoma dalla stessa politica politicante.»

Pulisce gli occhiali con la manica della felpa e si rimette all'opera.

Attorno a lui ruota una vita di lavoro, l'intero archivio della sua ricerca, un palazzo enciclopedico di pagine della nostra storia cancellate dal suo segno nero e preciso, calato come un sudario su testi epocali per ricordarci di averli dimenticati. Poggiato sul tavolo ruota un mappamondo con tutte le località geografiche depennate da un chirurgico segno bianco, allusione alla perdita di rotta in un mondo globalizzato. Rastrelliere, cassettiere, scaffali e librerie, che coprono i muri fino al soffitto, rigurgitano volumi, tomi, mappe, l'*Odissea* in otto volumi e i sei libri del *Casanova*, i tre volumi della *Divina Commedia*, l'*Orlando furioso*, l'*Enciclopedia della musica*, *La formica argentina* di Calvino, oltre alle leggi razziali, emanate nel 1938, ora esposte permanentemente, con le sue abrasioni rosse, nella Sala degli

Ambasciatori del Palazzo del Quirinale. Una mensola è imbarcata sotto libri di Orazio e Virgilio. «L'edificante stambugio del filosofo», come diceva proprio Diderot, il *philosophe,* è una biblioteca della letteratura universale modificata dal suo cercare il senso al di là dell'effimero, come un novello Diogene.

Con un pennello duro, ora passa più velocemente sulle parole della poesia.

«Le parole che ho lasciato dicono tutto anche di quelle che non ci sono più.»

Isgrò parla per aforismi. Che infatti ha raccolto da poco in un librino dal titolo *Intelligente ma non troppo*.

«Credo nella comunicazione tanto quanto nel non-detto, che è pur sempre una forma di comunicazione. Per questo mi chiedo costantemente quale sia la cancellatura che la gente capisce di più.»

E ancora: «Il gesto del cancellare è sofisticato, ma non vuole escludere nessuno. Perciò scelgo ogni volta le soluzioni più facili per lo spettatore comune che si ritrova a leggere frasi di senso compiuto, dove è rispettato il valore dell'opera, insieme al suo messaggio potente. La statura iconica della composizione attraversata da tracce cupe ha una forza evocativa che arriva a molti».

La sua assistente, all'altro capo del tavolo, ha la testa china su un foglio del ciclo *Non uccidere*, opera commissionata lo scorso anno dal MAXXI di Roma per celebrare i settantacinque anni della Costituzione italiana. Il progetto principale prevede undici elementi, undici coppie di lastre in pietra del Sinai, ispirate all'iconografia classica delle tavole della legge, incastonate in una architettura chiara, un padiglione circolare di arcate in cedro del Libano disegnato da Mario Botta. Sulle tavole, i comandamenti sono tradotti in undici lingue del mondo, per diffondere capillarmente il messaggio di pace, e sono incisi in rosso: il colore del sangue e della passione.

«La cancellatura, anche qui, parla chiaro. Non è un atto distruttivo. È un dire "no" per poter dire "sì" alle cose che contano.»

«Non uccidere» è infatti l'unico comandamento superstite, rimasto immune alla cancellatura e che corona le leggi dettate da Dio a Mosè, i cui contenuti obliterati da Isgrò sono illeggibili solo in superficie, ma ben chiari e scolpiti nella memoria collettiva, benché celati sotto strati di nero bituminoso.

«Come artista ho sempre lavorato con mille mani aperte e tese – quelle del pubblico, quelle della critica – che mi hanno sostenuto nei momenti più difficili del mio impegno culturale e creativo. Persino i critici meno teneri nei miei confronti mi hanno aiutato, giacché ho trasformato i loro rimproveri in opportunità di crescita, fondate o infondate che fossero le loro opinioni.

«Questo è il senso profondo del mio cancellare. Dire "no" alla morte per dire un "sì" perentorio alla vita. E la gente lo comprende immediatamente quando si trova davanti alle mie opere.

«Il mio amico critico Bruno Corà sostiene che io sono arrivato dove anche Burri e Fontana volevano arrivare; intendo dire a raggiungere il grande pubblico. Anche se non sono un pop americano e diffido dall'arte pop, ho constatato che la gente si impegna a leggermi. Che, di per sé, è già un modo per capirmi.»

Dalla sua prima cancellatura sono passati sessant'anni, i tempi sono mutati, ma lui è riuscito a trasmettere tenacemente, in ogni periodo, il suo piacere di creare, il suo estro di infaticabile poligrafo, di pensatore passionale, di teorico caparbio e di artista impegnato a comunicare la resistenza agli urti della vita, come un invito a non arrendersi mai.

«L'arte è comunicazione. Ne resto convinto. Ma bisogna vedere cosa comunica.

«Un artista può comunicare il proprio piacere di "fare" e, con lo stesso piacere, il pubblico lo segue e si avventura con lui in terre favolose e sconosciute. Ma per restituire l'emozione vera dell'opera è necessario che materia, coscienza e speranza siano interconnesse in una dimensione totale. Dove soprattutto la speranza affiori cocciuta in un mare di dimenticanza.

«Io confesso: sono condannato alla speranza.»

Io sono il peggior giudice di quello che serve per un racconto di me.

Perché tendo a omettere, sviare, confondere le acque.

Sono un vigliacco nato.

La verità è che fraintendo sempre le cose.

Forse ho frainteso anche i miei ricordi d'infanzia.

La mia mente tende a correre di qua e di là.

E spesso mescola fantasia e realtà.

Sono nato a Barcellona Pozzo di Gotto il 6 ottobre 1937, all'alba della Seconda guerra mondiale. Due anni prima che ci fosse l'invasione della Polonia. Pirandello era morto da quasi un anno e Giacomo Puccini era morto da tredici. All'epoca questi personaggi non erano tanto distanti dall'esperienza e dalla vita quotidiana, come lo sarebbero diventati col tempo, da me e da tutti noi. C'era nell'aria una cultura ancora vivace e tipicamente novecentesca.

Certe istanze, io, non le ho mai tollerate. Per esempio, che le avanguardie del dopoguerra facessero *tabula rasa* di tutto questo. Perché l'amore per ciò che allora si considerava passato – e dal Futurismo era stato chiamato sprezzantemente «passatismo» – sembrava essere un marchio di infamia per chiunque volesse essere moderno.

Ma io amo vivere nella memoria, pur con qualche deviazione nell'immaginazione.

Barcellona Pozzo di Gotto si chiamava così perché era frutto della fusione di due località accorpate nel 1835 e che erano separate all'origine dal torrente Longano, un fiumiciattolo pieno di polvere più che d'acqua, sulle cui rive si erano consumate battaglie atroci nell'antichità. Il «pozzo» derivava da un luogo nella città che custodiva una piccola cisterna quattrocentesca, impiantata dalla famiglia messinese dei Goti, pozzo dei Goti; qui ebbe origine la stirpe di san Francesco da Paola, il patrono delle due Sicilie. Al Nord c'era Francesco d'Assisi. Al Sud Francesco da Paola. L'Italia era già divisa per due santi.

Trascorrevo le giornate fra la casa della mia famiglia e quella delle signorine Pirandello, che mi parlavano come se fossi uno dei loro pronipoti. Mi raccomandavo con la mia stessa faccia. Faccia di un bambino riccioluto biondo, col cannolo. Sono stato educato in un paese che aveva avuto a che fare proprio con il Futurismo negli anni Venti. Palermo, Catania, Messina, Trapani e tante cittadine emarginate dell'isola erano state scosse infatti dal vento della sperimentazione. Per questo il mito del rinnovamento era vivo nella mia mente.

Sono nato povero in un mondo povero, ma non mi sono mai sentito povero, anche se la realtà sociale a volte era crudele. Detesto i poveri che si vantano della loro povertà, come non sopporto i ricchi che si vantano della loro ricchezza; tutta gente volgare.

Mia madre Elisabetta Mazzullo aveva fatto solo le elementari, ma era la donna più intelligente che abbia conosciuto. Il suo sogno era che diventassi professore di filosofia al liceo. Leggeva ad alta voce per sentire il suono delle parole. Diceva così. Ma era un modo elegante per non ammettere che faticava a leggere. Lei e mio padre si sacrificarono per farmi studiare e io, figlio ingrato, studiavo pochissimo. Li feci penare; non solo mi pagavano la scuola ma pure il doposcuola.

Mio padre Peppino era un ebanista, intagliatore. Non poté studiare perché i suoi non avevano soldi, ma era un uomo curioso e istruito che mi insegnò a scrivere meglio di come abbiano fatto a scuola. Voleva che io facessi ciò che a lui non era stato concesso, per mancanza di mezzi. Fu lui a iniziarmi alla poesia e quando, dopo parecchi mesi passati a rimeggiare, non scrissi più in endecasillabi, ma audacemente passai ai versi liberi, si rammaricò.

«Ecco, mio figlio non mi rispetta più. Ma forse ha ragione.»

Mia nonna Maria, la madre di mio padre, era una normanna con gli occhi verdi e i capelli trapuntati di fili d'oro. Se ho occhi verdastri lo si deve a lei. Mio nonno Emilio, suo marito, suonava nella banda comunale ma, fin dalle trincee della Grande Guerra, era sordo. Esattamente come me, che ho fatto l'artista e non mi piace la pittura.

Lo zio Ciccio, il fratello di mia madre, invece, sognava per me un destino da avvocato, perché gli avvocati, nella Sicilia dei Leoni, erano come i cantanti: quando si esibivano nei tribunali venivano ascoltati come i tenori a teatro. Lo zio Ciccio amava l'opera lirica e i tribunali. Una volta mi portò a vedere *La Traviata* di Verdi al Teatro Massimo di Palermo; a bordo della sua Fiat 504 con l'accensione a manovella, in una Sicilia senza autostrade e le notti peste, ci mettemmo sette ore ad andare e sette a tornare.

Poi c'era Iris, lo zio pittore, fratello di mio padre, con un nome femminile. Faceva un certo effetto chiamarlo così, ma mio nonno era fissato con i nomi dei fiori. Quando mio padre, in tempo di guerra, mise in piedi una industrietta di scarpe perché coi mobili non si campava, Iris disegnava per lui i modelli dei sandali con una stilografica a inchiostro verde. Insieme trasformavano le borsette delle signore in calzature eleganti, le cinture in *décolleté* con alte suole di sughero.

Durante i bombardamenti dormivo sotto il banco di lavoro di mio padre per paura che crollasse la casa e stringevo le gambe al petto. Quando sfollammo a San Paolo, un paesello di collina, guardavo in lontananza, preso da un misto di meraviglia e spavento, i lampi di fuoco dei razzi. La notte dello sbarco americano andammo a finire in un vallone. Ricordo che piovevano i proiettili sopra la testa. Gli angloamericani sparavano dal mare, coi tedeschi che scappavano oltre lo stretto. Si svolse tutto in fretta e io ero ancora così ingenuo da non rendermene conto. Ma avevo capito bene cosa fosse la guerra vedendo un operaio di mio padre morire di inedia e di fame, nonostante mia madre, che era caritatevole e generosa, si fosse impegnata fino allo stremo nel cucinare qualcosa anche per chi ne aveva bisogno.

Negli anni della ricostruzione, fui fortunato perché, nonostante le difficoltà iniziali, venni protetto dalla parte illuminata del paese: conti recenti, conti reali, famiglie erudite, cresciute respirando i venti del Futurismo, che aveva seminato bene.

La baronessa Donato, nostra vicina di casa – per

la quale mio padre faceva i mobili e mia madre cuciva qualche vestito – non poteva avere figli ed era intenerita da quel bambino biondo che stava sempre su una seggiolina a leggere in un angolo del cortile.

Rapita dalla stessa tenerezza, si prese cura di me anche Letizia Stancanelli, che non aveva ancora figli (il primo le arrivò tardi). Ricordo Letizia giocare a tennis col fratello Salvatorino in un campo di terra rossa, al margine del quale io me ne stavo seduto a gambe incrociate a leggere Tolstoj alzando ogni tanto gli occhi per vedere come andasse la partita. I loro genitori avevano una collezione di opere dei futuristi, quadri di Balla o Depero, che svernavano spesso a casa loro, lasciando doni alla partenza, come avevano fatto pure nella villa dello zio cavaliere Guglielmo Jannelli e di altri notabili locali, dove approdavano quando a Milano e Roma non si trovava da mangiare.

C'erano poi i marchesi d'Alcontres che si erano trasferiti a Barcellona allo scoppio della guerra perché avevano alcuni terreni da mettere a reddito. Uno dei figli del marchese, Ferdinando, morto giovane, studiava con me. Li frequentavo perché persino loro erano stati attratti da quel ragazzo così vivace che il loro rampollo invitava spesso nella ricca villa di Sant'Andrea.

In classe, ascoltavo sempre con molta attenzione il professore Giuseppe Locullo, monarchico di ferro, ma che mi spiegò Hegel e Marx meglio di un suo vecchio collega, il professore Giovanni Beninato, che si atteggiava a uomo di sinistra e poi se ne veniva ogni giorno con D'Annunzio in tasca.

In inverno, andavo a fare teatro con Michele Stylo, che era borbonico fino al midollo e aveva riaperto nel 1956, dopo duemila anni di silenzio, il teatro greco di Tindari, con la rappresentazione della follia dell'*Aiace* di Sofocle. Mi aveva snidato al liceo: «Chi di voi vuol fare l'aiuto regista?» s'era messo a gridare davanti a scuola. Alzai la mano d'istinto e mi ritrovai arruolato. Mi regalò alcuni libri importanti da leggere. Era un uomo brillante quanto ostinato, avrebbe potuto diventare un regista di maggior successo se solo avesse avuto il coraggio di attraversare lo stretto di Messina invece di rimanere arroccato tenacemente alla sua sicilianità, per non «snaturarsi», diceva.

Frequentavo allo stesso modo altri intellettuali del luogo, di grande cultura, come Beniamino Joppolo, il drammaturgo pittore, che a Milano avrebbe fondato nel dopoguerra il movimento spazialista al fianco di Lucio Fontana. Beniamino era comunista, fervente antifascista, arrestato e mandato al confino nel 1937. Suo fratello Diego era invece un nostalgico del regime.

C'erano mille contraddizioni e insensatezze sullo sfondo di una provincia colta ma sonnolenta. Era un piccolo mondo spaccato in due, fatto da comunisti difensori dei diritti dei contadini e da reazionari aggrappati alle loro ideologie travolte dalla storia.

Conoscevo pure Nino Pino Balotta, deputato anarchico del Partito comunista; a Barcellona Pozzo di Gotto aveva fondato la Casa del popolo di cui fu il primo segretario; nel 1945 ricoprì la carica di segretario provinciale del Centro antifascista italiano e, tempo un anno, divenne vicesindaco della città. Aveva guidato una rivolta del popolo affamato, durante la quale furono distrutti i circoli dei nobili con tutto quello che ci stava dentro, lampadari, tavoli, divani, anche l'enciclopedia che troneggiava fra qualche misero libro di agraria: fu allora che vidi l'enciclopedia Treccani volare in aria con tutte le pagine in brandelli. Non sapevo che, da artista, l'avrei cancellata, con ben altro scopo e significato.

Una volta fui invitato per la festa di carnevale al Circolo Unione, che era un club dove il mio amico Cosimo Verde portò tutti i suoi compagni di scuola a divertirsi. Ma non mi fecero entrare perché la piccola nobiltà (e dico proprio piccola, perché il più ricco era impiegato alle Poste...) arricciò il naso vedendomi.

«Ma come? Porti il figlio del falegname?»

Il povero Cosimo era mortificato per me.

In quel paesino di provincia abituato a giudicare le cose dall'alto, a parte qualche spirito illuminato, mio padre veniva visto al pari di un falegname senza onore. In una terra di baroni era difficile che i lavoratori fossero considerati bene. Veniva apprezzato chi non lavorava, perché significava che poteva permetterselo. Proprio come nel *Gattopardo*.

Quando leggo i sonetti di Michelangelo ho la conferma, come diceva Orazio, che poesia e pittura sono codici affini.

Avrò avuto sì e no otto anni un giorno che, girovagando per le strade del paese, fui attratto dalle voci di alcuni bambini che giocavano nel giardino di una villa. Mi fermai malinconico davanti alla recinzione a guardarli correre e schiamazzare allegri sotto le palme altissime. Uno di loro, Ciccio De Francesco – con il quale poi saremmo diventati amici e saremmo andati insieme anche a Roma in San Pietro per ricevere la benedizione di Pio XII, «il venerabile» –, si avvicinò curioso e mi chiese: «Tu chi sei?».

«Un poeta» risposi. E lui mi aprì il cancello.

Con l'arte avevo già mosso i primi passi, seguendo gli insegnamenti dello zio Iris, che mi aveva spiegato i rudimenti della pittura a olio e ne avevo ricavato un paio di quadretti minuscoli. Uno di questi ritraeva un povero chitarrista seduto mestamente su un marciapiede accanto al suo strumento. Lo regalai a Cosimo Verde in segno di amicizia, e non me lo volle più rendere neppure quando, da grandi, gli proposi un cambio vantaggioso.

Ma, a parte questo exploit che poco mi soddisfaceva, la mia vera e genuina passione per la poesia si manifestò in certe precoci prove letterarie scarabocchiate sui quaderni di scuola.

Sognai un bel castello medievale
e dentro si svolgeva un baccanale.

Scrissi «baccanale» senza sapere cosa significasse, solo perché funzionava la rima. Ma, alla fine, il senso era giusto. Ancora oggi non capisco o fraintendo il significato delle parole, come quello delle linee di un disegno. Penso però che sia una cosa buona. Se capissi le cose mi bloccherei, come un millepiedi che a forza di contarsi le zampe finisce per fermarsi.

C'era un professore al liceo, Alessandro Manganaro, che i ragazzi chiamavano affettuosamente «Sandrino» e che era il direttore della biblioteca scolastica. Aveva una sapienza strepitosa e una cerimoniosità antica. Camminando per le vie di Barcellona, usava scappellarsi a destra e a manca: davanti alle signorine di buona famiglia ma anche davanti ad anziani, bambini o mendicanti. Una cortesia ecumenica che non faceva distinzioni di ceto o di età.

Parlare con lui era corroborante. Sapeva tutto e si occupava di tutto: conosceva l'arabo e la storia dei musulmani in Sicilia; spaziava dalla descrizione degli stucchi morbidi come il burro di Giacomo Serpotta negli oratori palermitani di Santa Cita o San Lorenzo, fino agli antichi proverbi siciliani raccolti nelle campagne più remote dell'isola da Giuseppe Pitrè, medico scrittore, pioniere nello studio del folclore in Trinacria. Un pomeriggio andai a trovare Manganaro in biblioteca per domandargli se oltre a Dante e Leopardi fossero esistiti altri poeti in Italia o nel mondo. Egli mi tolse ogni dubbio dandomi da leggere *Vita d'un uomo. Il dolore* di Giuseppe Ungaretti nell'edizione «Lo Specchio» della Mondadori, la più gloriosa collana italiana di libri di poesia.

La mia strada di poeta in erba fu attraversata allora da altri personaggi destinati a lasciarvi una impronta indelebile. Bartolo Cattafi, mio concittadino, fu il primo poeta che vidi in vita mia e mi fece impressione perché incarnava esattamente l'immagine del poeta così come pensavo dovesse essere: con il montgomery di lana in pieno marzo siciliano, scosso dal vento caldo di scirocco, e le scarpe da alpino.

Poi c'era Nino Pino Balotta, che oltre ad aver guidato la famosa rivolta contro il circolo dei nobili, aveva vinto, da poeta, il Premio Viareggio per la poesia dialettale *Mminuzzagghi* che significa «rimasugli», una bella raccolta di versi in idioma barcellonese. Era davvero un uomo straordinario e poliedrico. Era pure uno scienziato famoso che aveva studiato Medicina e Veterinaria: durante i suoi viaggi all'estero conobbe Albert Einstein, le cui teorie condivise e difese, e pare avesse abbozzato persino la prima traduzione della *Relatività* in italiano. Terzo, ma non ultimo, Aldo Ginebri che era un giovane universitario con la tessera del Partito comunista, impegnato a evangelizzare la nostra città, refrattaria all'impegno politico, a suon di letture del *Capitale* di Marx.

Guardando a Cattafi, Manganaro, Balotta e Ginebri, decisi di fare il poeta e fu una scelta di campo precisa e motivata. Quasi un colpo di fulmine. Sebbene lo zio Ciccio continuasse a insistere perché io facessi l'avvocato e mia madre non aveva accantonato il sogno di vedermi professore di filosofia, io già avevo deciso il da farsi – «Voglio fare il poeta» – e riaprii il quaderno.

Sognai di Venezia la laguna
baciata da nascente bianca luna.

Nel 1953 scrissi a Salvatore Quasimodo inviandogli qualche mia poesia e dicendogli quanto amassi il suo lavoro, confessandogli la mia vocazione. Lui mi rispose con una lettera d'incoraggiamento accompagnata da una copia della sua poesia oggi più celebre, *Ed è subito sera*, con tanto di dedica. Ne fui orgogliosissimo.

L'anno seguente partecipai al premio di poesia inedita «Luigino Gemelli», istituito in memoria di un giovane letterato scomparso precocemente. Grazie al sostegno entusiasta dell'avvocato Giovannino Panella, presidente della giuria, vinsi l'edizione del 1954 e anche quella del 1955 con una poesia intitolata *Una stazione per Hans*, ispirata al ricordo di un soldato tedesco dagli occhi azzurri che mi aveva scattato una fotografia nel 1941 con la sua Leica analogica, mentre stavo nel cortile di casa fermo immobile davanti alle file dei militari che andavano a imbarcarsi per il Nord Africa con le truppe della Wehrmacht.

I camion sono fermi
contro il cielo tramortito
da polvere e granate.

Non so che fine abbia fatto quell'uomo. Se sia morto in guerra o tornato nel suo Paese. Ma ripenso spesso alla fotografia in bianco e nero con il mio viso attonito di bambino dai boccoli chiari, catturato dall'obiettivo di un soldato di passaggio.

Addio Hans!
Ogni sera Lili Marlene
mette fiori al tuo ritratto.

Vincere quei due premi di poesia inedita rinsaldò in me il desiderio e soprattutto la tenacia nel proseguire con la mia scelta.

Quando partii dalla Sicilia ero un giovane poeta già apprezzato. Avevo ricevuto lodi da Vittorio Sereni, Eugenio Montale e anche da Pier Paolo Pasolini, che recensì il mio primo libro di versi, *Fiere del Sud*, uscito nel 1956. Pasolini aveva scelto di recensire, per il giornale di critica letteraria «Il Punto», tre poeti del Sud. A dire il vero, lui non amava i poeti meridionali perché detestava proprio Quasimodo, che era siciliano di Modica; ma per me fece un'eccezione.

Nell'agosto del 1961 lo incontrai a Venezia. Era al Festival del Cinema insieme all'attrice e scrittrice Elsa De Giorgi, che io conoscevo abbastanza bene e che, di lì a poco, avrebbe lavorato con lui nel film *La ricotta* del 1963 dove interpretò il ruolo di una delle dive che, insieme ai paparazzi, irrompono sul set alla fine dell'episodio, e più tardi, nel 1975, in *Salò o le 120 giornate di Sodoma*.

Pasolini quell'anno era venuto a Venezia per presentare, fuori concorso, *Accattone*, il suo primo film, che non aveva ottenuto il visto della censura per la proiezione nelle sale italiane. Elsa gli faceva da *chaperon* e se ne andava in giro con una bottiglia di Moët & Chandon in un contenitore del ghiaccio, che dondolava con la mano come fosse una borsetta. Si fermava qua e là a sorseggiare mentre Pasolini guardava intorno distratto. Li incontrai così, fra una fermata e un'altra del vaporetto. Lei ci presentò e lui mi liquidò con poche parole: «Stimo il suo lavoro, anche se non condivido le sue posizione poetiche».

Credo mi avesse associato ai Novissimi, che poi, qualche anno dopo, formarono il Gruppo 63, di cui però non feci parte pur passando per un poeta d'avanguardia. L'apprezzamento comunque mi incoraggiò. Frequentando, a Milano, suo cugino Domenico Naldini, detto Nico, scrittore e poeta, di cui ero amicissimo, mi giungevano sempre notizie fresche su di lui e su ciò che stava facendo.

Lo rividi l'anno seguente per *Mamma Roma*, con Anna Magnani che, dopo la proiezione sugli schermi del Lido, incontrai a un pranzo di gala. Trionfante per il suo successo e la candidatura del film al Leone d'oro – vinto però *ex aequo* da *Cronaca familiare* di Zurlini e da *L'infanzia di Ivan* di un giovanissimo Tarkovskij – Anna rispose boriosa al complimento di una vecchia amica romana corsa ad abbracciarla.

«Anna, m'hai fatto piagne» disse l'amica.

«E a me che me ne frega?» reagì lei, snocciolando una espressione a dir poco vernacolare, destinata a spegnere ogni entusiasmo ed eleganza.

Intanto Pasolini dispensava agli ospiti, compreso il vecchio Ungaretti, qualche sorriso stretto fra le labbra e io fui contento di riuscire a scambiare con lui alcune parole in più, rispetto al fugace confronto dell'anno prima.

Pasolini veniva considerato come un grande reazionario, letterariamente, ma io non l'ho mai visto come tale; capii subito che lui con il cinema affrontava problemi di stretta attualità, come quello della comunicazione. E non capivo, al contrario, l'atteggiamento critico verso la sua ricerca da parte dello stesso Gruppo 63, che trovavo un po' professorale nei modi, carico di cultura, ma privo di una energia poetica forte. Penso per esempio a Edoardo Sanguineti o Alfredo Giuliani, con cui avevo stretto un buon rapporto; oppure a Nanni Balestrini che poi scantonò nell'arte e che per me, fra tutti, era certamente il più interessante.

Balestrini era il meno ingessato, mentre gli altri del gruppo erano davvero troppo saccenti per il mio temperamento, anche se sapevano indubbiamente il fatto loro. Parlavano di insofferenza per la situazione della realtà letteraria italiana e si scagliavano contro il neorealismo. Con un convegno organizzato a Palermo, avevano dato vita a questo movimento d'avanguardia, anzi di neoavanguardia. Vi aderirono i poeti dell'antologia *I Novissimi. Poesie per gli anni '60*, curata nel 1961 da Giuliani, oltre a scrittori come Giorgio Manganelli e Alberto Arbasino, e studiosi e critici, fra cui Umberto Eco. Ognuno pubblicava opere nella assoluta libertà di forma e di contenuti; l'importante era la ricerca sperimentale, e anche l'impegno sociale, dati i richiami del gruppo al marxismo.

Io non ho mai fatto parte di quella enclave, anche se nel 1966, durante un loro incontro palermitano, venne proiettata sul grande schermo la mia opera *Volkswagen*, che avevo realizzato un paio di anni prima e che suscitò clamore e scandalo per la scritta «Dio è un essere perfettissimo come una VOLKSWAGEN che... va... e va... e va...». Il cardinale Ernesto Ruffini, arcivescovo della città, attaccò l'opera per blasfemia dal pulpito della cattedrale. Mia madre lo seppe e, contrariata, si recò dal prete di Barcellona per chiedere lumi e quello la commiserò per il figlio degenere che le era capitato. Ma non era certo Dio il mio bersaglio. Avevo usato le parole per moltiplicare all'infinito l'informazione e, di conseguenza, la persuasione. Era una forma innovativa di poesia visiva, dove l'immagine iconica sposava il segno verbale, non senza, ovviamente, una buona dose di provocazione.

Certe mie riflessioni pungenti sul Gruppo 63 mi alienarono la simpatia di Elio Pagliarani, poeta e critico teatrale romagnolo, che faceva parte del gruppo e che mi aveva chiamato a collaborare alla terza pagina dell'«Avanti!», organo ufficiale del Partito socialista. Il problema di fondo stava nella mia idea di avanguardia, decisamente più radicale: sospettavo da tempo che tutti gli aggiustamenti operati sulla parola dalle neoavanguardie letterarie non riscattassero la parola poetica (che è poi la parola umana per eccellenza e quella che a me interessava) dal rischio di naufragare per sempre nel mare di una comunicazione eminentemente visiva, quali erano i fumetti, il cinema o la televisione di importazione statunitense. La logica del superamento attraverso la sperimentazione storpiava la parola senza storpiare il mondo da cui ci era derivata. Proprio questo bisognava abrogare. Io andavo dichiarando in giro che la parola era morta, e alla fine rovesciai il tavolo. E lo feci con le cancellature. Che non significava distruggere la parola, ma salvaguardarla per tempi migliori.

Se prediligere la via della poesia era stata da ragazzo una decisione radicale, fu ancora più radicale quando decisi di rinunciare alla parola con la cancellatura. La cancellatura diventò così una forma di poesia, costruita con altri mezzi. Ciò che permaneva era la libertà di creare. Che, per un artista, significa fare il proprio lavoro non curandosi delle conseguenze.

E io, la libertà, non l'ho mai cancellata.

Io sono un tipo empatico, anche se mia moglie Scilla lo nega e infatti mi ha regalato un libro sull'empatia.

Quando conclusi il liceo con la maturità classica, nel 1956, partii per Milano per proseguire gli studi. Tutti vennero alla stazione di Barcellona Pozzo di Gotto, ammirati dal mio coraggio.

Dopo la partenza del treno, cominciò a piovere e mia nonna Rosina si rammaricò per aver mandato quella creatura al Nord mentre pioveva. Arrivai a Milano come Totò e Peppino, con un baule pieno di mutandoni di lana da morir di caldo anche sotto la neve.

Nella povertà ci ero nato e non mi faceva paura. Ho sempre avuto quel riserbo che è dei timidi, ma piacevo alle persone e le persone mi aiutarono.

Alla stazione vennero a prendermi alcuni amici siciliani: Letizia Stancanelli, la sorella di Salvatorino, che nel frattempo si era trasferita anche lei al Nord, e suo marito il commendator Alberto Perroni, noto a Milano come avvocato stimatissimo, che aveva fatto fortuna in Sicilia imbottigliando l'acqua minerale naturale Ciappazzi e commercializzando i benefici fanghi termali per reumatici e paraplegici. Questi amici, che avevano da poco festeggiato la nascita del loro primogenito, Sergio Claudio Perroni – lo scrittore che si suiciderà nel 2019 sparandosi un colpo alla tempia in pieno centro di Taormina – mi portarono in via dell'Annunciata, a cena a casa loro. Uscendo dal portone, alla fine della serata, mi dimenticai il mio indirizzo e passai la notte a cercare in giro per la città che, nel silenzio dei viali illuminati che si riflettevano sul porfido rosa tipico del suo selciato, mi svelò tutta la sua bellezza metafisica.

In Sicilia regnava fortemente il mito di Milano. Era vista come una metropoli, un'America italiana dove, se si andava, si potevano trovare il lavoro e, forse, anche i soldi per strada.

Nelle piccole città di provincia i miti fervono. La mia famiglia non era bigotta, ma neanche atea militante, e vedeva nell'Università Cattolica un luogo prestigioso e rassicurante. Io ebbi l'idea di iscrivermi per accontentare mia madre e per mettermi poi a fare il poeta, sbarcando il lunario facendo il giornalista, cosa che accadde immediatamente, tanto che pubblicai subito il mio primo libro di poesie per la neonata casa editrice di Arturo Schwarz. Vittorio Sereni, una figura di riferimento per la poesia in quegli anni, chiese di conoscermi. E questo, per me, significava già tutto. Sereni era stato un modello perché lavorava alla Pirelli per fare il poeta. Eugenio Montale faceva la stessa cosa al «Corriere». Chi voleva fare il poeta doveva, insomma, trovarsi una professione per vivere.

Mi ero iscritto a una facoltà che non sapevo neanche cosa fosse, Scienze politiche. Frequentavo poco le lezioni e facevo ancor meno esami. Ero attratto invece da altri corsi, come Storia del teatro, tenuto all'epoca da Mario Apollonio, critico teatrale precursore del genere, che con Giorgio Strehler, Virgilio Tosi e Paolo Grassi fu promotore nel 1947 della nascita del Piccolo Teatro di Milano.

La città era nel pieno del boom economico, c'era tutto. Io facevo parte degli emigrati più privilegiati, perché ero arrivato per studiare, mentre la maggior parte dei miei coetanei partivano per fare i muratori e mandare i soldi a casa; erano contadini trasformati in carpentieri. Io ebbi questa fortuna, anche se i miei genitori non erano ricchi, ma avevano compiuto molti sacrifici per aiutarmi. Poi cominciai a mantenermi da solo proprio perché riuscii a inserirmi nel giro dei giornali. In tanti mi accolsero con fare protettivo, come quando da bambino suscitavo le tenerezze delle nobildonne siciliane che mi adottavano per accarezzarmi i boccoli.

Come giornalista, comunque, non ero male. Anche se non ero il tipo sgomitante. Capivo quali fossero le cose importanti da proporre, quindi mi lanciavo in mille interviste e mi muovevo bene.

Conobbi Raffaele Crovi, cattolico di sinistra, aperto e generoso; era l'assistente di Elio Vittorini presso la sede della casa editrice Einaudi, in via Sant'Orsola. Grazie a Crovi entrai nel mondo letterario, riuscendo a frequentare gli esclusivi pranzi domenicali che Vittorini organizzava con la futura moglie Ginetta nella sua casa sui Navigli. Fra gli ospiti c'era spesso Montale che era il mio modello. Si può fare il giornalista pur restando un poeta, pensai. Con Montale avrei stretto una amicizia negli anni in cui entrambi ci spostammo a Venezia.

Durante uno di quei pranzi incontrai anche Giovanni Testori che era reduce dalla pubblicazione, per la collana «I Gettoni» di Einaudi, del suo romanzo d'esordio, *Il dio di Roserio*, dove la fatica dei ciclisti era la metafora di un eroismo umile e faticoso. Non riuscii a parlare con lui perché ero intimidito dall'ambiente ma, come per Montale, l'amicizia venne più tardi e molto profonda.

Alle mie collaborazioni con «La Notte», «Il Corriere Lombardo» e i giornali del pomeriggio, seguirono quelle con l'«Avanti!» e la rivista «La Parrucca» dove ebbi modo di incrociare letterati come Goffredo Parise, Giuliano Gramigna, Nico Naldini, Alberto Arbasino, oltre ai poeti del gruppo de I Novissimi. Luciano Anceschi, il grande filosofo, docente di Estetica a Bologna, mi pubblicò, di lì a poco, tre poesie sulla rivista «Il Verri» che sarebbe stata la culla del Gruppo 63, presidiato e gestito da quei professori che si crogiolavano nel loro ruolo.

La routine milanese mi piaceva.

Non mi ero quasi accorto di aver cambiato città; appartenevo a quella stirpe di siciliani che nascono milanesi nel cuore. Mi piaceva molto lavorare ed ero puntuale nelle consegne. Nella mia vita, sin da ragazzo, ho scelto di fare sempre le cose con cura. Il resto l'ho scartato.

Appena arrivato, abitai nella zona di via Carlo Poerio, ma ci rimasi poco. Poi andai a stare in via Tadino, zona Buenos Aires.

Milano era la cultura italiana *tout court*. Era la città del Piccolo Teatro e della Scala, dell'antifascismo e della socialdemocrazia. Noi giovani autori, letterati o pittori che fossimo, non eravamo sgraditi alla cosiddetta intellighenzia altoborghese, al mondo dei benestanti, che stavano volentieri in nostra compagnia e ci coinvolgevano nella giostra dei salotti. Per loro rappresentavamo quell'area estrema e coraggiosa del pensiero che loro non potevano esercitare direttamente, per dovere di classe. C'era addirittura una parte di quella borghesia che, per nascondere la sua cattiva coscienza, era più estremista degli estremisti, per convinzioni o per opportunismo. Il gioco delle parti sociali funzionava così.

Una volta andai a trovare, per la terza pagina de «La Notte», la pittrice Anna Sogno che aveva frequentato l'Accademia di Brera con Achille Funi e Aldo Carpi. Era moglie di un uomo politico, l'ambasciatore Edgardo Sogno Rata del Vallino, e aveva fatto la resistenza da destra, vicina – come suo marito – agli ambienti dell'antifascismo liberale torinese, ma piegati in una direzione liberal-monarchica. Sul tavolino del soggiorno ostentava *Il Gattopardo*, come facevano di norma tutte le donne della buona società milanese. Era un libro di culto. Il discorso cadde su Pavese e lei mi disse che non lo leggeva perché era comunista. Quasi per scusarsi. Lo disse con rammarico. Capiva che era importante culturalmente, ma non poteva farlo. E io soprassedetti, chiedendo una tazza di tè.

Qualche mio amico mi chiede perché non sono mai stato un estremista fanatico.

Perché noi siciliani abbiamo un fondo di anarchismo che ci salva dalle continue professioni di fede.

Il triestino Guido Costantini è stato il mio più grande maestro. Si riteneva un comunista puro ma in realtà era un finissimo intellettuale *liberal*, passato dalle file di Giustizia e Libertà come partigiano. A lui devo la mia natura fondata sul dubbio metodico, grazie alla quale era difficile che io diventassi un estremista, pur essendo considerato tra gli artisti più estremi di quegli anni. Con il mio amico palermitano, il regista Roberto Andò, ogni tanto ci guardiamo negli occhi e ci domandiamo: «Come facciamo a essere estremisti noi, così dubitosi di tutto?».

Il dubbio peggiore mi assalì quando presi a interrogarmi sul mio futuro e sulla mia vocazione, confuso sulla strada da scegliere, fra arti visive e la poesia che ostinatamente amavo. In realtà non volevo diventare un pittore, ma neppure restare per sempre un letterato inossidabile. Chiunque altro sarebbe andato di corsa dallo psicanalista: io mi curai da solo, cancellando sia le parole sia le immagini. E diventando così un cancellatore seriale.

A Milano tutto questo trambusto interiore ancora viaggiava nelle retrovie della coscienza, ma frequentare artisti e letterati insieme rendeva i due fronti più chiari ai miei occhi.

Nella casa della poetessa Lina Angioletti e dell'artista Fausta Squatriti, conobbi il critico Guido Ballo, il giovane Arnaldo Pomodoro che stava spesso al Bar Giamaica, leggendario ritrovo di autori e intellettuali, e anche Enrico Baj, il maestro anarchico delle «dame» e dei «generali», che aveva appena presentato i suoi «ultracorpi» alla Galleria Blu e firmato l'ultimo numero della rivista «Il Gesto», dedicato all'arte interplanetaria. Una sera, al bar di Piazza Meda, il poeta Luciano Erba mi presentò Piero Chiara, lo scrittore nato a Luino, sul Lago Maggiore, che aveva appena pubblicato il suo romanzo forse più famoso, *La spartizione*, da cui fu tratta la pellicola *Venga a prendere il caffè... da noi*, diretta da Alberto Lattuada con un seducente quanto cialtrone Ugo Tognazzi. Pochi giorni dopo, passando per la libreria-galleria di Schwarz incrociai per caso Salvatore Quasimodo e mi assalì tutta l'emozione provata all'epoca della nostra prima e unica corrispondenza, quando gli spedii la mia poesia fanciullesca e lui rispose con il suo capolavoro dedicato. Ammiravo il suo impegno civile di poeta come una lezione di vita e una svolta significativa rispetto alla ormai sfumata tradizione ermetica. Mi accorsi tuttavia che il mio entusiasmo nei suoi confronti non era condiviso nei circoli culturali della città. Bartolo Cattafi stentava a riconoscerlo come un interlocutore di peso, liquidandolo come un buon traduttore di classici greci, salvo poi dirsi ammirato da poesie folgoranti come *Visibile, invisibile*.

«Un capolavoro. Peccato non sia riuscito ancora a scrivere un libro tutto intero.»

Trovandomelo di fronte in libreria, coi suoi baffetti corti e irregolari, gli ricordai del nostro primo approccio e Quasimodo mi confessò di aver visitato il mio piccolo paese dal nome catalano durante i suoi tragitti che, da Messina a Tindari, lo spinsero qualche volta a fermarsi e a prendere una granatina al Caffè Duilio.

«Tu hai gli stessi occhi spiritari di Barcellona» mi disse riferendosi agli agrumai che traggono essenze alcoliche dalle arance e dai limoni svuotati, di semi e polpa. Esprimeva parole e giudizi quasi sussurrando, con quella sua aria di aristocratico intellettuale che smentiva ampiamente l'immagine del barbiere siculo che colleghi invidiosi e acidi gli avevano cucito addosso.

Diciamo che la mia passione nei suoi confronti sbiadì un po' quando, intervistandolo sul Premio Nobel che gli venne assegnato nel 1959, mi raggelò con una uscita vanitosa e goffa: «Sai che io e Vittorio Alfieri siamo i due poeti italiani più conosciuti in Scozia?».

In quello stesso 1959 ebbi la fortuna di incontrare Silvana Mauri, scrittrice e giornalista, che dopo una relazione impossibile con Pier Paolo Pasolini, franata per l'omosessualità di lui, ma trasformata in una amicizia straordinaria, aveva sposato nel 1950 Ottiero Ottieri, collaboratore fidato di Adriano Olivetti che lo aveva sostenuto durante una brutta malattia e poi gli conferì l'incarico di responsabile del personale nella sede dell'Olivetti di Pozzuoli. Da questa esperienza al Sud, Ottieri trasse il suo romanzo forse più celebre *Donnarumma all'assalto*, pubblicato da Bompiani, dove Silvana era responsabile dell'ufficio stampa, assunta quando era fresca di diploma liceale dallo zio Valentino Bompiani. Un'impresa di famiglia entrata nella leggenda.

Alla mia richiesta di ricevere una copia del libro del marito, per recensirlo sulle pagine della rivista del Touring Club, Silvana rispose cordiale e, con una certa lungimiranza, intravide in me le doti di un giovane talentuoso che infatti prese sotto la sua ala protettrice, invitandomi da allora a frequentare il loro ambitissimo salotto in via Vivaio, dove approdavano a turno i grandi protagonisti del Novecento letterario con cui la casa editrice intesseva i suoi rapporti: Giuseppe Marotta, Vitaliano Brancati, Alberto Moravia, Cesare Zavattini, lo stesso Elio Vittorini, oltre poi a Camilla Cederna e il sempiterno Umberto Eco in ascesa perenne. Popolata dal clan affiatatissimo dei Bompiani e dei Mauri, la casa era abitata da amici di lunga data come l'attrice Franca Valeri, che aveva frequentato il liceo Parini con Silvana, l'architetto e designer Marco Zanuso, il regista Francesco Rosi che aveva appena terminato di girare *I magliari* con Alberto Sordi.

Ottiero Ottieri mi scrutava di sottecchi convinto

che io fossi un *tombeur de femmes* e in un suo romanzo di vent'anni dopo, *Contessa*, disse in giro che si era ispirato a me per descrivere la figura di un seduttore impenitente, ignorando il fatto che io, con le donne, non ci sapevo fare per niente. Quando le Brigate rosse uccisero Aldo Moro e il suo corpo fu ritrovato nel bagagliaio della Renault 4 rossa, io ero in taxi con Ottiero, diretti a uno di quei ristoranti esclusivi che amava tanto. Nessuno dei due parlò. Poi, d'un tratto, lui sollevò la testa, come se si fosse risvegliato da uno stato di torpore, e mi disse: «Solo tu sai quanto io mi senta addosso le fitte di questa Italia che crolla».

Se il potere non è legittimato, non risponde a nessuno. E, se non risponde a nessuno, è disumano.

Mi è stato domandato più volte se la cancellatura abbia un valore politico. La cancellatura elimina, per sua natura, ogni posizione subalterna. Ogni potere assoluto, ogni solipsismo o dittatura. L'arte è l'espressione politica per eccellenza. L'artista non è un parroco che deve fare coraggio ai fedeli. Deve rappresentare con efficacia i problemi di attualità.

In questo senso trovo un punto di contatto forte fra la mia doppia attività di giornalista e di artista. Occuparsi della vita, delle questioni correnti, dei drammi attuali e della contingenza per scuotere le coscienze, sensibilizzare i lettori e il pubblico, era la vera militanza. Nella parola scritta sui giornali e nella parola cancellata come monito, c'era lo stesso impegno. Questo ho fatto. E penso sia stato coerente.

I pezzi migliori di quel periodo li scrissi probabilmente per l'«Avanti!» compresa una inchiesta sulle infiltrazioni mafiose nel mercato del pesce. Volevo confrontarmi con ogni tipo di linguaggio, anche quello più puramente giornalistico, di indagine o d'assalto. All'«Avanti!» ero stato convocato da Elio Pagliarani, che ne era il redattore dai primi anni Cinquanta e che, del 1968, divenne invece critico teatrale per «Paese Sera». Con lui ci fu una frizione quando io criticai i colleghi poeti del Gruppo 63, di cui faceva parte, e i nostri rapporti si raggelarono. Per fortuna il redattore capo, il valtellinese Attilio Pandini, giornalista e galantuomo, vedendomi in difficoltà, cominciò a proteggermi a sua volta così come fece con Luciano Bianciardi che, prima del suo capolavoro *La vita agra*, aveva pubblicato per Bompiani nel 1960, il romanzo *L'integrazione*, una storia vagamente autobiografica che trattava con ironia il conflitto fra l'industria editoriale milanese e la genuinità di un intellettuale di provincia.

Il caro Pandini un giorno mi chiese di andare a Chianciano e seguire la cronaca del premio di poesia intitolato alla città e che all'epoca non era meno prestigioso del Premio Viareggio. Fu all'ombra delle terme che conobbi il giornalista messinese Giuseppe Longo, presente come membro della giuria e già direttore del «Giornale dell'Emilia», come gli americani avevano ribattezzato provvisoriamente «Il Resto del Carlino» colluso con il regime fascista, ma non meno delle altre testate italiane.

Longo era il classico messinese di parlata molle ma, all'occorrenza, di polso fermissimo. Mi prese subito in simpatia per via delle nostre comuni origini e di quella giovinezza sull'isola che io gli ricordavo. La prima cosa che mi disse la mattina dopo nella hall dell'albergo, dopo aver sfogliato i giornali, fu che il mio pezzo era il migliore di tutti.

L'edizione di quell'anno fu vinta da Andrea Camilleri, al tempo pressoché sconosciuto, che incassò il premio come buon presagio della sua carriera futura.

Un mese dopo, Longo, chiamato a Venezia a dirigere «Il Gazzettino», mi volle al suo fianco come responsabile della terza pagina e anche dei supplementi culturali.

Ora, col senno del poi, capisco di aver fatto il giornalista perché avevo l'attitudine a intendere il rapporto col pubblico come un rapporto importante. All'inizio ero convinto che il pubblico dovesse fare fatica. Poi mi sono pentito. Il pubblico va educato con la poesia e con l'arte. Non parlo di educazione al bello classico. Ma di educazione alle libertà.

Quello che mi ha salvato nella mia esistenza è stata la capacità di fraintendere. Che io considero una forma di libertà e, insieme, di difesa dalle amarezze della vita. Non capendo bene il mondo così com'era, ho scelto di ricrearlo, ricostruirlo. Sempre in stretta alleanza con Dio; come un suo collaboratore fidato. Se ho disatteso questo compito, sono ancora in tempo a cambiare mestiere.

Ho amato Venezia, una città fondata per la mia pigrizia.

La pigrizia dei veneziani di Laguna è esattamente identica a quella dei siciliani di terraferma. È una nobile gara fra due pigrizie stupende.

Arrivai a Venezia nell'aprile del 1960. Ho ancora negli occhi l'acqua verde che sbatteva schiumando contro i piloni del ponte ferroviario che da Mestre si allungava verso la Laguna. E sento ancora l'odore marcio di un mare che non era mare ma acqua stagnante, palude inutilmente increspata dalle brezze di primavera.

Ero stato chiamato al «Gazzettino» dal suo nuovo direttore, il siciliano Giuseppe Longo, che mi aveva scelto come responsabile della terza pagina e dei supplementi culturali del giornale. Poi mi fu affidata la pagina degli spettacoli. Nonostante questa entratura, legai subito con tutti. Ero anche protetto da Augusto De Gasperi (fratello minore di Alcide), un cattolico tridentino liberale, con inclinazioni aperte, progressiste. Fu amministratore delegato e presidente della Editoriale San Marco, la società che pubblicava quello che all'epoca era il maggior quotidiano del Triveneto. Venezia, in un Veneto cattolicamente di destra, era una città tradizionalmente retta dai comunisti e dalle sinistre. Longo non faceva entrare i democristiani, li mandava via tutti. Pur essendo un uomo di destra, era così laico da non sopportare i democristiani, abituati a spadroneggiare al giornale, considerandolo il loro organo ufficiale. Pure De Gasperi non voleva un giornale democristiano.

Abitavo in una casa in calle delle Acque 5016, fra Santa Maria Formosa, San Giorgio dei Greci e San Zaccaria, nel sestiere di Castello, quella zona lì insomma. Il palazzo era stato costruito da Mauro Codussi, l'architetto rinascimentale delle Procuratie vecchie in piazza San Marco. Dava su un rio con sopra un ponticello dal quale nel Settecento si dice passasse ogni giorno l'abate Vivaldi, con la sua chioma rossa, per recarsi a insegnare violino al Pio Ospedale della Pietà.

Arrivavo al giornale verso le nove del mattino e impostavo le pagine, che all'epoca si facevano tutte a mano. In pochi mesi avrei imparato a calcolare i pesi nello spazio delle mie future opere disegnando in redazione le pagine di cultura, di libri, di musica e di arte. Me lo insegnarono i tipografi del «Gazzettino», quando ancora si usavano i piombi. Furono loro i miei veri maestri. Gli stavo a fianco in stamperia, col grembiule nero e, in mano, un bicchiere di latte da bere – che mi faceva schifo e neppure oggi lo bevo –, necessario come antidoto alle esalazioni nocive del piombo.

Se sbagliavo la misura di un titolo mi inseguivano per la tromba delle scale per farmelo correggere.

In quelle stanze al livello del canale, durante la guerra, si stampava il giornale clandestino dei partigiani. Il nostro tipografo, Giorgio Tonini, un gigante comunista di sicura fede e che, al posto del latte, trangugiava Spritz di vino bianco, bitter e scorza di limone, mi raccontò che una volta entrarono le SS con i fucili spianati. Stavano stampando una bozza sulla carta umida e lui, a sangue freddo, ebbe la prontezza di farne una palla e di mangiarsela. Negli anni in cui lavorammo insieme brandiva, con cipiglio minaccioso, il «vantaggio», l'attrezzo sul quale si depositano le composizioni che poi vengono utilizzate per andare a formare l'incolonnamento della pagina, e mi ripeteva sempre: «Il Gazzettino non si tocca… è il nostro lavoro… la nostra vita».

Ogni sera, uscendo dalla redazione, salivo sul barcone che portava i giornali ai treni; mi sedevo in mezzo ai pacchi dei quotidiani e scendevo a terra quando transitava sotto casa. Le rotative del «Gazzettino» risuonavano tutta la notte nella zona di Rialto. Mi sembra di sentire ancora quel rumore sferragliante.

Se il direttore mi convocava nel suo ufficio chiudendosi la porta alle spalle, significava che l'incarico in arrivo era importante. La prima missione fu quella a Cannes. Mi accreditò al Festival del Cinema come critico cinematografico e io ci andai volando. Scrissi una recensione entusiasta del film *Viridiana* di Luis Buñuel, che ottenne la Palma d'oro ma fu attaccato pesantemente dalla stampa cattolica e in particolare dall'«Osservatore Romano», che lo giudicò blasfemo per le sue chiare allusioni all'inutilità e ai danni prodotti dalla religione. La curia veneziana, retta dal patriarca Giovanni Urbani, successore di Angelo Roncalli alla cattedra di San Marco, fece giungere a Longo il suo disappunto per il mio pezzo. Ma nulla accadde. Come pure non si mosse una foglia quando firmai un reportage da Messina sul processo ai frati mafiosi di Mazzarino, i quattro cappuccini di un convento nei pressi di Caltanissetta arrestati per estorsione ai danni dei notabili locali. Io ne raccontai, nero su bianco, nefandezze, crudeltà e lascivia, ma senza troppe conseguenze da parte dei cattolici, costretti a fare ammenda per un caso che aveva scosso l'opinione pubblica italiana e acceso una coscienza comune, orientata verso il centro-sinistra. L'unico a pizzicarmi caustico fu il celebre avvocato e giurista, di fede ancora solidamente monarchica, Francesco Carnelutti, che una mattina mi venne incontro in tribunale, al banco dei giornalisti, e mi chiese con un mezzo sorriso: «Cosa ti ha fatto di male padre Carmelo, che tutti i giorni gli spari addosso con la lupara?».

Difensore dell'impenitente cappuccino capobanda, non si accorse che alla parola «lupara» il mio vicino di banco Mauro De Mauro, inviato del quotidiano palermitano «L'Ora», fondato dalla famiglia Florio all'alba del secolo, ebbe uno strano sussulto, come se avesse presagito il suo destino. De Mauro verrà infatti rapito dalla mafia nel settembre del 1970 davanti alla sua casa di Palermo e mai più ritrovato. Le indagini sulla faccenda durarono anni e senza risultati certi. Si parlò dei suoi articoli sul traffico di droga di Cosa nostra e, soprattutto, delle sue ricerche sulla morte di Enrico Mattei.

I sette anni trascorsi a Venezia e al «Gazzettino» furono certamente i più fervidi della mia esistenza, arricchiti di esperienze e incontri memorabili. Spedito a Varsavia per seguire le sfilate della moda italiana promosse dalla Montedison e allestite nel tenebroso Palazzo della Cultura donato da Stalin ai polacchi, ne approfittai per scrivere i numerosi articoli sul nuovo regime instaurato da Władysław Gomułka dopo le repressioni. Invitato da Elio Vittorini nella torrida Formentor, a Maiorca, per la prima edizione del Prix International des Éditeurs, conobbi invece, nella Spagna ancora franchista, scrittori come Gabriel Celaya, Italo Calvino (che dietro le quinte vinse il Premio Antipatia conferito da tutti noi giornalisti al più spocchioso della compagnia), oltre ad Alberto Moravia e al poeta Hans Magnus Enzensberger, cresciuto nella Norimberga nazista e figura di riferimento per la nascita della Repubblica federale tedesca, che si esibì una sera in danze frenetiche con la moglie svedese colore del latte. Dopo il rituale flamenco, offerto da una compagnia di gitani, scesero in pista anche gli editori Giulio Einaudi e Claude Gallimard. Io me ne stavo in un angolo ancora scosso per un episodio avvenuto alla dogana di Barcellona dove potevo rischiare la fucilazione perché una collega giornalista, amica di Calvino, mi aveva chiesto di reggerle un pacco di libri mentre passavamo i controlli. Da perfetto cavaliere non mi feci pregare, salvo accorgermi poi che il fardello non conteneva le copie innocue dei romanzi di Cesare Pavese, come lei mi aveva dolcemente assicurato, ma *La guerra de guerrillas*, il libro rivoluzionario di Ernesto Che Guevara, scritto subito dopo la rivoluzione cubana, pubblicato nel 1960 e diventato subito il libro guida per migliaia di guerriglieri di vari Paesi e che io avevo introdotto clandestinamente in Spagna fregato dalla mia buona educazione.

Le interviste che condussi in Laguna, al riparo dai rischi delle fucilazioni franchiste, non furono meno emozionanti. Vittorio De Sica al Casinò del Lido mi rispose sornione e garbato. Gina Lollobrigida si offese quando le chiesi, volutamente spavaldo, se si cucisse da sola gli abiti che indossava, giusto per umanizzarla un po' sullo sfondo di una Italia che cominciava a boccheggiare per l'endemica crisi economica. Alberto Sordi, Alida Valli, la strega dagli occhi di smeraldo, Franca Valeri, Monica Vitti e Giorgio Albertazzi furono le mie magnifiche prede, catturate fra un aperitivo al Bauer e un giro di roulette.

Giorgio de Chirico scivolava spesso silenzioso lungo i muri delle calli. Era sempre impeccabile nell'abito chiaro, con panciotto e cravatta. Un giorno, in campo Santo Stefano, nello spazio della galleria di Uccia Zamberlan, cui lui faceva riferimento in città, mentre narrava, nella sontuosa veste del Pictor Optimus e con piglio teatrale dei suoi anni parigini a me e ad altri avventori sedotti dalla sapiente retorica, irruppe nella stanza un cliente bassino con un quadro incartato sotto il braccio: «Cara signora Uccia, mi deve dare uno di quei falsi belli e autenticati dal Maestro. Non questo quadro autentico ma da lui disconosciuto, perché è troppo brutto!».

L'abitudine di de Chirico era ormai nota a tutti: riconosceva opere false quando le giudicava ben fatte e, al contrario, sconfessava le sue opere quando gli venivano male. Non erano soltanto pettegolezzi e prova ne fu che, davanti alla richiesta del bizzarro collezionista, il Sublime Metafisico non fece una piega, anzi godette della scena divertito, mentre la moglie lo tirava per la giacca affinché non facesse commenti che avrebbero potuto finire sui giornali e danneggiare il suo mercato.

Ben più serio, e in un certo senso sconvolgente, fu il mio incontro con Ezra Pound, il poeta fascista ben convinto che la pagò cara. Fui io ad accompagnarlo in macchina quando dovette recarsi da Venezia a Padova per ricevere la laurea *honoris causa* conferitagli dalla antica università patavina benché, nell'ateneo medaglia d'oro per la Resistenza, molti docenti arricciarono il naso alla notizia. Il giornale mi chiese di farlo nella speranza di riuscire a strappargli qualche dichiarazione, se non addirittura una intervista. Ma il saggio Ezra rispondeva alle mie provocazioni con i suoi profondi e proverbiali silenzi che, tempo qualche anno, nel 1968, avrebbero messo in crisi anche Pier Paolo Pasolini durante la famosa intervista per la Rai, studiata per sigillare un'alleanza fra il vecchio poeta, reduce dalla lunga coercizione in un ospedale psichiatrico per aver sostenuto il fascismo, e il giovane regista iconoclasta e anticonformista.

Io guidavo e lanciavo a sprazzi questioni che avrebbero potuto ottenere una qualche reazione.

Ma quello taceva ferreo fino a quando, in vista dell'approdo a Padova e forse esasperato dalla mia petulanza, pronunziò fra le labbra una battuta liberatoria: «Io ho sbagliato tutto».

Non servì altro per nutrire la mia creatività di giornalista.

Dalla scrivania della redazione, al primo piano della sede storica del «Gazzettino», in Ca' Faccanon, oltre ai pezzi che scrivevo di mio pugno, titolavo e passavo ogni giorno gli articoli degli altri: del mio amico Graziano Sarchielli che li spediva da New York e scriveva su una carta gommosa che mi restava appiccicata alle dita; quelli di Tommaso Trini, il primo storico dell'arte a occuparsi in anni non sospetti delle relazioni fra arte e tecnoscienze, che viveva, studiava e faceva altresì il portiere d'albergo a Londra e Parigi, e nei ritagli di tempo mi mandava gli articoli che io gli pubblicavo e che erano bellissimi. E poi arrivavano i pezzi di Giovanni Comisso, lardellati di errori; ne faceva così tanti che anche il suo segretario-autista lo aiutava a riscriverli. Cominciava con un soggetto e finiva con un altro. Comisso era un uomo sintatticamente precario, ma i suoi azzardi facevano stile. Peccato che fosse permaloso e un po' vendicativo. Se applicavo un editing troppo pesante, alla prima occasione faceva finta di non conoscermi. Capitò a una serata pubblica a Pordenone dove presentai il suo ultimo libro e, alle mie domande, rispondeva senza guardarmi e alzando gli occhi al cielo come se io non esistessi e il suo colloquio fosse con l'Altissimo.

Leggendo i suoi elzeviri così densi e sufficienti a dire tutto nella loro essenza stringata, ebbi la conferma della mia ipotesi, che la parola non avesse un valore solo verbale. Guardando le pagine redazionate, capii che le parole cancellate avevano una forza iconica irresistibile.

Molti mi chiedono ancora cosa accadde a Venezia quando il redattore si mise a cancellare.

E io rispondo che una notte al «Gazzettino», proprio facendo l'editing di un articolo, mi accorsi che le correzioni apportate al testo avevano creato un mare di cancellature e che il loro peso era più forte delle parole dell'articolo. Come un lampo, ebbi l'intuizione decisiva. Nel 1964 feci nascere la «cancellatura» come forma d'arte, compiendo un gesto che le stesse avanguardie non avevano osato fare: vanificare in una sola volta, con un tratto di pennarello nero, i vecchi codici della comunicazione umana, principalmente l'immagine e la parola.

Mi metto a cancellare qualcosa.

Vorrei cancellare tutto Proust. Sul testo francese. Speriamo di non rovinarlo.

La cancellatura è nata nel 1964. Lo stesso anno della «mia» *Volkswagen*.

Era l'anno in cui Saul Bellow diede alle stampe *Herzog* e dichiarò il fallimento della filosofia.

Lo stesso anno in cui Jean-Paul Sartre rifiutò il Nobel per la Letteratura sostenendo che il valore e l'opera di un autore dovessero essere giudicati solo a posteriori.

Ed era, soprattutto, l'anno in cui la Pop Art fece la sua comparsa alla Biennale di Venezia e a Robert Rauschenberg andò il premio come miglior artista straniero; l'attenzione del pubblico verso il mondo dell'arte si spostò allora improvvisamente dall'Europa agli Stati Uniti, insieme ovviamente a quella della critica e del mercato.

Il mio impegno che, fino a quell'epoca, era stato prevalentemente letterario, subì uno spostamento verso le arti visive. Già nel 1962 avevo modificato i titoli del giornale presi dal «Gazzettino», dove il testo non c'era più e mancavano tutte le parole, appariva solo il bianco della pagina. Ma il 1964 coincise con la vera svolta. Ho sempre fatto credere, per ragioni di comunicazione, che l'idea mi fosse venuta correggendo gli articoli di Comisso o di Aldo Palazzeschi, padre nobile delle avanguardie storiche, martoriati di correzioni e cancellature. Ma non è vero. L'ho detto soltanto per eccitare un po' l'immaginazione. Io dico bugie, ma a fin di bene. Sono bugie innocue. Ma preferisco dire, con Picasso, che la menzogna è uno dei procedimenti logici di cui si servono gli artisti.

La prima cancellatura era davvero molto piccola. Come un francobollo. La ricavai da un pezzettino di giornale al quale lavoravo sul mio tavolo di redattore sporco d'inchiostro: una ventina di righe di colonnino che depennai con un pennarello a punta grossa, lasciando in vista poche parole sparse, in grado però di creare un senso nuovo.

attendono
di diventare soci

dei risultati
da parte di
provinciali scoperti

Ricordo che la feci vedere subito ad Attilio Codognato, che nella sua gioielleria di Piazza San Marco collezionava Duchamp e Man Ray. Eravamo amici e lui e il suo socio Giovanni Camuffo della Galleria del Leone vollero subito comprarmi sia i titoli dei giornali sia le cancellature.

«Ma ho solo questa» dissi stordito. E finì lì.

Se fossi nato pittore ne avrei avute molte altre, ma in quel momento era la sola che avevo.

E persi, prima ancora di cominciare, il giro delle gallerie. Di occasioni come quella me ne sono lasciate scappare parecchie, ma non sono pentito. Così ho potuto studiare i problemi della comunicazione e del linguaggio senza interferenze e sono arrivato a oggi ancora entusiasta.

Non voglio fare il vecchietto arzillo che si compiace di quanto sia ancora vivace. Ma sono convinto che la mia strada e la mia ricerca possano proseguire se libere da ingerenze.

Forse fraintendo il tempo. Ma almeno non mi fermo.

Insomma, correggendo e facendo l'editing degli articoli ci presi gusto ad agire creativamente sui testi, trasformandoli in un'altra cosa.

Man mano che producevo quei piccoli ritagli obliterati, mi accorgevo di quanto fosse depistante il risultato. Non si capiva se la parte più importante fosse quella cancellata oppure quella che emergeva. Era pura filosofia.

Peccato che, nel frattempo, il dilagare della Pop Art stesse sancendo drasticamente la fine dell'arte italiana e di quella europea in generale.

Mentre a Roma, a piazza del Popolo, tutti gioivano perché Mario Schifano, Tano Festa e Franco Angeli stavano diventando più americani degli americani, influenzati dagli statunitensi Rauschenberg e Johns, io mi preoccupai seriamente per il destino della parola umana di fronte all'imperversare dell'immagine pura, svuotata della sua dimensione di senso, ma ridotta al ruolo di quell'oggetto di consumo che essa stessa rappresentava.

Sapevo bene che, difendendo la parola poetica, anche cancellandola violentemente pur di dimostrarne l'esistenza, mi sarei posto fuori da tutti i giochi consolidati del sistema dell'arte, dalle sue regole e dai suoi compromessi. E sapevo pure come, a ventisette anni, la mia ferma volontà nell'agire non sarebbe stata sufficiente per condurre una operazione del genere. Ma lo feci ugualmente, ricordandomi del pirandelliano corvo di Mizzaro, che si rassegnò a covare le uova al posto della sua compagna fuggita dal nido.

Erano anni di crescente contestazione. E contestare, per me, stava diventando un mestiere. Fare il rivoluzionario non era poi così male. Non deve stupire se fui adocchiato da Guido Le Noci, il proprietario della storica galleria Apollinaire di Milano, il più audace fra i galleristi dell'epoca. Era pugliese ed emigrò al Nord a venticinque anni. In una intervista per la pagine della rivista «Domus» del 1962, dichiarò di essere partito «con un fagotto di sogni nella testa e un altro in mano con la roba personale». Era ritenuto un personaggio *borderline*, fuori dei giochi, militante e un po' anarchico nella sua battaglia avanguardista che lo vide esporre da talent scout lungimirante i giovani artisti d'Oltralpe collaborando saldamente con Pierre Restany, il critico francese fondatore del movimento del Nouveau Réalisme e che, viste le mie cose, coniò subito l'espressione «un linguaggio alla Isgrò». Reduce da una mostra sugli *empaquetage*, gli «impacchettamenti» di Christo nel giugno del 1963, attaccata violentemente dai benpensanti che ne etichettarono le opere come «fenomeni di deviazione intellettuale», Guido Le Noci vide le mie prime prove, capì immediatamente che la cancellatura avrebbe avuto un futuro e mi propose una mostra a Milano, che si inaugurò poi nell'aprile del 1967, con un manifesto che portava la scritta *Le virgole sono il sale della lingua*, con una sfilza di virgole sopravvissute a ogni parola.

Le Noci era coraggioso perché osava molto come gallerista, e io lo fui altrettanto quando cominciai a proclamare che la parola era defunta. Giusto per rompere le scatole ai letterati. Mi creai ovviamente nemici dappertutto, solo per il gusto di una pura provocazione culturale.

«Non dica che la parola è morta, per carità; se arriva un James Joyce davanti a lei, che fa?» mi rimbrottava Le Noci ridendo.

Com'era bello quel clima così fervido, pur nelle sue discordanze. Ci si alienava persino il Papa per una battuta. Ma finì che anche i reazionari mi rispettarono.

Esposi le prime cancellature nelle mostre del Gruppo 70 di Firenze, una irregolare compagine di poeti, critici, artisti e musicisti, legati alla scena sperimentale e all'esperienza pittorica di Nuova Figurazione. Partecipai alla rassegna *L'immagine della scrittura: Gruppo 70, poesia visuale e ricerche verbo-visive*, ma il mio rapporto con il gruppo si interruppe subito e ognuno andò poi per la sua strada. Loro con la poesia tecnologica. Io con qualcosa che continuavo a chiamare «poesia visiva» mentre per i critici era già arte concettuale, nell'accezione più completa del termine.

Fu allora che iniziarono ad apparire stuoli di cancellature un po' ovunque. Non dico che mi copiassero. Diciamo che era nell'aria. Ma, la mela, bisogna vederla cadere dall'albero per avere l'intuizione. E molti si fermano invece a guardarla quando già ruzzola per terra. Io, educato sui grandi sistemi novecenteschi, sapevo quanto fosse importante trasformare l'eccezione in una legge. E gli sviluppi della cancellatura ho dovuto garantirli io stesso. Sarebbe diventata una sciocchezza se non ci avessi plasmato sopra un vero e proprio linguaggio. Il paradosso è che promossi la parola al posto delle immagini ma lo feci con opere visive. Ho risolto con mezzi visivi il problema della parola.

Essere o non essere della parola. Questo era il dilemma che mi tormentava.

Al principio cancellavo con biro e pennarelli. Facevo tutto a mano e non pensavo al peso che la materia e il supporto in genere hanno nel lavoro di un artista. Non avevo la classica preoccupazione dei materiali, anche perché non ero un pittore e quelle misere prove giovanili realizzate al fianco dello zio Iris erano ormai lontanissime.

Se avessi dovuto giudicare il mio lavoro da un punto di vista pittorico, i materiali erano veramente poveri: carta di giornale e pennarello, un solo colore, tutto monocromo. E mi stupivo infatti quando i pittori mi guardavano con un certo interesse. Io non mi sentivo un pittore, ma certamente trattavo temi pittorici e visivi perché c'era una componente formale nelle opere, di costruzione di una immagine, benché fatta solo di tracce nere e lettere emerse.

Sentirmi svincolato da etichette e regole mi diede una maggiore libertà, ma non volevo fare un passo troppo lungo definendo subito uno stile, un metodo, una cifra vincolante. Man mano che imparavo, aggiungevo una ricerca in più, come un cieco che cammina nel buio.

Dovevo allenare l'occhio alla forma delle immagini così come, un tempo, avevo addestrato l'orecchio al suono delle parole. Dovevo, insomma, diventare un tecnico del visibile dopo aver giocato per molti anni con l'invisibile.

E adesso cosa faccio, io che non sono pittore ma un artista concettuale che tale non vuole restare? Mi domandavo se fosse il caso di tornare davanti a una tela, come lo zio Iris, almeno per rinfrancare il mestiere di base.

Ma stavo fraintendendo l'arte.

Non era lo strumento ciò che contava. Ma l'intuizione. Un tempo si chiamava originalità. Oggi non si dice più così, perché pare banale, superficiale; originalità come sinonimo di bizzarro o stravagante. Ma l'etimologia è importante e, una volta, significava qualità e pregio di ciò che sta all'origine.

E io, all'origine, ero un letterato, ma avevo disimparato a scrivere. L'unica cosa che sapevo fare era scrivere, ma avevo negato anche quella.

La cancellatura mi si mostrava davanti come la più

potente macchina per fabbricare immagini che ci fosse. La cancellatura poteva produrre immagini apparentemente con scarsa fatica. Era generativa nella sua capacità di attivare l'immaginazione, come un sistema linguistico in grado di fornire un numero infinito di frasi.

Se ripercorro la storia dell'arte, mi rendo conto di come sia punteggiata di cancellature. Penso al Cubismo larvale di Cézanne, che cancellava la montagna cercando la geometria, e all'Astrattismo di Mondrian, con l'albero di cui cancellò le foglie per lasciarne le linee cartesiane. Cos'è il cielo pieno di angeli e cherubini dei maestri barocchi se non un modo per cancellare lo spazio che non sapevano come rappresentare? Affollare di angeli una cupola era come cancellare il cielo. Caravaggio cancellava lo spazio col nero. Cancellava lo sfondo, inghiottito nel buio. Le facce che emergono dalla notte di Caravaggio non sono come parole che emergono dalla cancellatura?

Anche l'esercizio delle velature prevede una forma di cancellatura.

Qualcuno mi disse che il mio lavoro gli ricordava Mark Rothko, perché cancellavo per strisce quello che stavo sottolineando. Lui aveva cancellato il mondo reale per ascendere nell'eterno.

Dopo la biro e i pennarelli, passai all'inchiostro liquido e cominciai a curare sempre di più il ritmo, il gesto e la selezione delle parole che dovevano restare.

Ragionavo da poeta. Cercavo qualcosa che evocasse una storia, un concetto o una immagine, appunto, e che fosse frutto di una creazione poetica. Lasciavo che il linguaggio aprisse altri mondi nello spazio cancellato. Quando uno scrittore non sa come proseguire, molto abilmente taglia il capitolo. Ciò che resta sospeso è più denso della narrazione stessa, si sa.

Alla stessa stregua, il pittore che non sa cosa rappresentare, insegue il buio di Caravaggio. D'altra parte, dopo Leonardo e Raffaello, il buon Caravaggio come avrebbe potuto andare avanti trovando una alternativa degna allo sfumato e alla prospettiva senza diventare un epigono? Tagliò corto. E i suoi oscuramenti sono di fatto una cancellazione dello spazio rinascimentale. Sostituì la luce manierista del tardo Cinquecento con il nero più profondo. Era una maniera diversa per costruire comunque lo spazio, nascondendolo.

Ora io faccio vibrare le parti cancellate di nuova vita. Lascio filtrare un particolare. Le parti cancellate sono un pieno, sono una forma plastica, sono materia e volume di un discorso visivo. Sono immagine. Le parole risparmiate hanno, dal canto loro, una qualità poetica spontanea, capace di comporre metafore sbocciate da sole. L'equilibrio fra calcolo e libertà è dato dalla perfetta via di mezzo fra la programmazione dell'opera e l'alea rimasta fuori, che è quella affidata alla mano e alla sua impulsività.

Qualche volta, basta una singola parola, una virgola, un punto per generare un racconto. Le parole superstiti sono come relitti in mare, ai quali lo spettatore o il lettore si possono aggrappare in cerca di un senso alle cose.

Ora evidenzio due o tre parole dell'*Inferno* e cancello tutto il resto.

Nel mezzo del cammin
fu la paura.

Spesso arrivo a livelli di parossismo, pur di dimostrare che c'è più poesia nella cancellatura che nella poesia stessa. So quanto questo possa confondere le idee, ma io ho puntato sempre sul fraintendimento. Perché io stesso ho frainteso il mio lavoro.

Capivo che scrivevo cancellando. Anzi, che cancellando in effetti scrivevo. Adesso per cancellare scrivo e per scrivere cancello.

Dormo in modo discontinuo. Ma sogno molto. Il sogno che nasce nella più assoluta pigrizia del corpo è il risultato di una attivazione della mente, come dicevano Jung e Freud. Nel mio caso, la mente cancella ciò che vuole ricordare.

L'ambiente culturale veneziano nel periodo in cui vi lavorai era uno degli ambienti europei che contavano di più per il mondo dell'arte. In effetti, la Pop Art nel 1964 non atterrò certo in un deserto, ma in un luogo vitale, dove già da tempo operava Peggy Guggenheim che dalla fine degli anni Quaranta aveva creato un ponte fra cultura europea e cultura americana.

La partecipazione di Peggy alla Biennale di Venezia del 1948 fu un evento epocale. Fu la prima esposizione di una raccolta importante d'arte moderna dopo vent'anni di ferrea estetica di regime. Peggy espose

136 opere nel padiglione della Grecia, al tempo dilaniata dalla guerra civile. Mentre ancora la Biennale si incaponiva su mostre storiche, come quella degli impressionisti, con Monet, Renoir e via dicendo, la sua collezione offrì al mondo una panoramica sull'arte contemporanea che spaziava dal Futurismo al Cubismo al Surrealismo, fino agli esiti più recenti dell'arte americana, come l'Espressionismo astratto che vide il debutto in Laguna di Jackson Pollock, Mark Rothko o Clyfford Still. «La Biennale del 1948 fu come stappare una bottiglia di champagne. Un'esplosione d'arte moderna dopo il tentativo del nazismo di ucciderla. Per la prima volta alla Biennale si videro Mondrian, Brâncuşi, Kandinskij, Ernst e Giacometti» raccontò anni dopo Vittorio Carrain, segretario della Collezione Guggenheim che trovò la sua sede a Palazzo Venier dei Leoni, sul Canal Grande, dove ancora sta oggi.

Quando, sedici anni dopo, la Pop Art arrivò con aria spavalda e determinata, mise in discussione il primato di Parigi, che in fondo ancora rappresentava l'Europa intera, per stabilire una nuova visione dell'arte fondata essenzialmente sulla forza dell'immagine, più che sulla forza dell'immaginario che, nella nostra parte di mondo, veniva veicolato ancora dalle parole. Basti pensare all'immaginario attivato dalle religioni monoteiste che non ammettono la forza dell'icona. Ebrei e arabi, sinagoghe e moschee, hanno forti dubbi sulla necessità di catechizzare i popoli con i grandi quadri o le sculture, preferiscono sempre la parola.

Invece, dall'arrivo della Pop a Venezia, si cominciò, nostro malgrado, a guardare il mondo con gli occhi del cinema hollywoodiano. Poco per volta anche gli europei si sono esercitati a guardare con gli stessi occhiali. E questo confermò in me il bisogno di interrogarmi sul destino della parola umana.

Peggy era molto lontana dalla logica oggettuale della Pop. Me lo raccontò durante un'intervista che le feci per «Il Gazzettino». Mi aveva telefonato al giornale per lamentarsi del fatto che i veneziani non andavano a visitare la sua collezione, con opere straordinarie di Boccioni e Picasso, Chagall e anche l'italiano Tancredi Parmeggiani, genio sregolato, dal pessimo carattere, autodistruttivo, bello e cattivo con le donne, inquieto e folle nella sua pittura, scomparso giovanissimo quasi all'apice del successo. Peggy, dopo aver scoperto e lanciato Pollock fra le stelle dell'arte statunitense degli anni Cinquanta, vide in Tancredi una nuova promessa europea sulla stessa linea d'onda. E aveva, come sempre, visto giusto. Con l'istinto che la distingueva, costruì attorno a lui una vera operazione di marketing, assumendolo a tempo pieno, con uno stipendio di 70 dollari al mese, uno studio attrezzato nell'interrato del suo palazzo veneziano e una diffusione capillare delle opere che regalava ai maggiori musei del vecchio e del nuovo continente per valorizzare il curriculum del suo protetto. Poi lui trovò pace alle sue inquietudini fra le braccia di Pegeen, la figlia di Peggy, cui dedicò decine di quadri prima che la madre, gelosa, lo allontanasse bruscamente, cancellandolo anche dalla sua scuderia d'autori. Una vita d'artista che, sul finale, ricalcò esattamente quella di Pollock; morì prematuramente e all'improvviso con un tuffo nel Tevere nell'ottobre del 1964. Strana coincidenza, era l'anno della Pop in Laguna.

Fatto sta che Peggy mi telefonò quel giorno disperata perché nessuno metteva piede nel suo museo privato e lei, che si sentiva più veneziana dei veneziani stessi, ne soffriva parecchio. Mi chiesi cosa potessi fare per aiutarla, imbastendo magari una bella intervista sulla sua avventura di ereditiera, collezionista e gallerista sempre in viaggio fra New York e l'Italia.

Quando entrai nel suo soggiorno a Palazzo Venier dei Leoni, lei mi girava le spalle, con quella famosa chioma di capelli bianchi e vidi, ai suoi piedi, due zampe di leone che le facevano da ciabatte. Erano due scarpe da camera che si era portata a casa dall'ultimo viaggio in Cambogia. Notai sul tavolo un dizionario inglese-italiano che aveva evidentemente usato per prepararsi all'intervista.

Mentre mi offriva con un sorriso cordiale un bicchierino di Wyborowa, la più profumata delle vodke polacche, mi parve naturale chiederle se avesse visitato Varsavia, dove io ero stato da poco, per conto del giornale. Mi rispose, con fermezza patriottica, al limite del maccartismo, che lei non avrebbe mai varcato il confine di un Paese comunista. Evitai di parlare di Ezra Pound, l'altro americano che aveva eletto Venezia a sua dimora ideale e che avevo appena incontrato a cena alla Locanda Montin insieme alla sua compagna Olga Rudge e alla nostra comune amica Joan Fitzgerald, una scultrice di origine cattolica irlandese.

Me ne stavo in piedi imbarazzato al centro della stanza perché Peggy non mi diceva se e dove sedermi. Aveva l'aura regale della figura già avvolta dal mito, ma che non si sentiva amata, tranne che da pochissimi. Fra questi c'era Giuseppe Santomaso, uno dei primi artisti che la regina eccentrica dell'arte moderna conobbe dopo l'approdo in Laguna, alla fine degli anni Quaranta. Era sempre vestito in smoking bianco, anche la mattina, per via di chissà quale cocktail che stava per iniziare da qualche parte. Proprio lui, insieme a un altro celebre collega, Emilio Vedova, partecipò nel 1962 alla cerimonia per la cittadinanza onoraria conferita da Venezia all'ereditiera newyorchese.

Paolo Barozzi, nobile veneziano che le faceva da

segretario, mi fece un radioso sorriso per mettermi a mio agio, mentre lei cominciò a raccontarmi la sua vita trascorsa fra Venezia, Parigi e gli Stati Uniti.

«Sa, a volte si compra perché un artista è in stato di necessità. Aiuto gli artisti quando hanno bisogno e ne intravedo il talento. Se poi ho sbagliato scelta, e lui è comunque uno dignitoso, ne regalo l'opera a qualche museo minore.»

Chiacchierando, nacque fra noi un certo afflato umano. Io facevo domande e lei versava vodka nel mio e nel suo bicchiere finché, a un certo punto, non ne potei più e chiesi di andare in bagno. Era pieno di Miró. Tornato in soggiorno mi raccontò di Samuel Beckett, con il quale credo avesse avuto una storia, e di suo marito, il pittore surrealista Max Ernst, che lei aveva aiutato a scappare dall'Europa durante la Seconda guerra mondiale. Il matrimonio durò poco.

«La tranquillità» aveva dichiarato quando si lasciarono «era tutto ciò di cui Max aveva bisogno per dipingere. E l'amore era tutto ciò di cui avevo bisogno io per vivere. Poiché nessuno dei due diede all'altro ciò che più desiderava, la nostra unione fallì.» Dopo di lui, Peggy ebbe numerose altre relazioni, ma non si risposò mai più.

Parlava molto di più degli artisti europei che degli americani. Amava l'Informale italiano e mi mostrava opere dai libri mentre i suoi leggendari cagnetti (che ancora oggi sono tutti seppelliti nel giardino del museo) mi camminavano sulle scarpe e le leccavano fino a farle diventare lucide come se ci avessi messo la brillantina.

Era una vera regina, molto amabile.

Una persona altrettanto amabile, per lo meno con me, fu Michael Sonnabend, all'epoca marito della più nota Ileana, con la quale aveva aperto nel 1962 a Parigi una galleria destinata a promuovere in Europa la ricerca dei giovani artisti americani. Nel 1970 Ileana avrebbe poi inaugurato una nuova galleria a New York, sulla Madison Avenue, e nel 1971, un grande spazio al 420 West Broadway, nel quartiere emergente di SoHo, che divenne rapidamente un punto di riferimento per la conoscenza dell'arte europea in America, con una attenzione particolare per l'Arte Povera italiana.

Michael era entusiasta del mio lavoro e mi comprò alcune opere. Lei era più tiepida e poco disponibile a lasciarsi convincere dal trasporto del marito. Lui avrebbe addirittura voluto portarmi negli Stati Uniti.

«Venga, Isgrò, la mantengo io.»

«Guardi, la ringrazio, ma sono legato alla lingua del mio Paese. Sto bene qui.»

Anche quando andai a vivere a Milano e Sonnabend era di passaggio in città, trovava sempre il tempo di acchiappare un taxi e venire a trovarmi in viale Monza, dove abitavo e avevo installato lo studio. Arrivava, posava un rotolo di dollari sul tavolo e riprendeva il taxi con un'opera sottobraccio. Una volta, a una fiera d'arte di Berlino, acquistò nello stand della Galleria Schwarz una delle mie prime enciclopedie cancellate.

Arturo Schwarz commentò senza perifrasi: «Mi sa tanto che quello intelligente è lui, non lei».

Un fronte interessante della Venezia di quegli anni era la Fondazione Cini, costituita sull'Isola di San Giorgio dal conte Vittorio Cini in memoria del figlio Giorgio, morto trentenne in un incidente aereo. Qui conobbi il meglio della cultura mondiale del periodo. C'era Vittore Branca, il filologo, insigne studioso di Boccaccio; c'era Giovanni Comisso, sempre offeso per le mie interferenze sui suoi pezzi; e c'era, con la moglie Drusilla, detta Mosca, Eugenio Montale che mi tolse il saluto quando mi sentì sostenere che la parola era morta, in forza della mia riflessione sull'urgenza di rianimarla davanti soprattutto all'incedere pericoloso della Pop Art e della cultura di massa. C'erano poi il filosofo tedesco marxista Ernst Bloch, quello dell'utopia, il teorico ed epistemologo di Stoccarda Max Bense e il poeta Andrea Zanzotto, notoriamente vittima di una insonnia cronica che lo spinse a sottoporsi anche a sperimentali analisi freudiane e che si addormentò la notte dello sbarco sulla Luna proprio nel momento in cui Armstrong mosse il primo passo sul suolo. La Fondazione era un luogo di cultura multidisciplinare, in grado di attivare confronti e fornire contenuti potenti per l'interpretazione della nostra epoca.

Io ero costantemente invitato per questioni di lavoro, come giornalista, anche se si sapeva che facevo l'artista e il poeta ed ero membro di un altro centro culturale importante, l'Associazione degli scrittori veneti, presieduta da Ugo Fasolo. Durante le serate alla Cini conobbi anche esponenti di spicco del mondo musicale come il marchese compositore Ernesto Rubin de Cervin Albrizzi, che aveva studiato violino con Malipiero e che, una volta, a casa sua mi presentò John Cage, l'artista concettuale e teorico musicale statunitense, arcinoto per il suo brano *4'33"*, eseguibile con qualsiasi strumento e fatto di assoluto silenzio, in tre movimenti; vale a dire, nessuna nota per 4 minuti e 33 secondi, durante i quali i musicisti restano immobili con i loro strumenti in posizione, mentre gli unici suoni che emergono sono quelli della platea in attesa. Una performance geniale sul tema della percezione e sull'idea che il silenzio non esiste e che il tempo e lo spazio stesso siano musica. Ebbene, Cage indossava stivaletti senza calze, con polpaccio scoperto e cravattino di cuoio alla texana. Io fui reclutato dal marchese per eseguire una sua partitura fatta di parole-chiave, intitolata *Words words words*. Alla fine del brano, Cage, con la sua faccia un po' glabra, si complimentò con me per l'esecuzione; forse perché ero uno di quelli che aveva stonato di più.

Anche il mio amico Mario Messinis, critico musicale del «Gazzettino», mi disse che ero stato bravo. Per affetto amicale, senza dubbio. Mario era un sostenitore accanito di tutte le avanguardie possibili e immaginabili. Andavamo spesso insieme alla Fenice e lui amava moltissimo il compositore veneziano Luigi Nono che era amico intimo di Togliatti, iscritto al Partito dal 1952 e che incarnava in sé, come pochi altri, l'intersezione profonda fra arte e politica. Aveva studiato con Maderna e sposato Nuria, anche lei musicista e figlia di Arnold Schönberg. La grande consapevolezza politica del fare artistico lo aveva portato a suonare anche dentro le fabbriche, esaltando la sonorità degli strumenti meccanici e dei rumori della vita operaia. Nell'aprile del 1961 ebbi la fortuna di assistere alla prima della sua opera *Intolleranza 1960*, un'azione scenica in due tempi, scritta da Nono a partire dai testi del poeta Angelo Maria Ripellino e dai documenti storici del giornalista antifascista ceco, ucciso dai nazisti, Julius Fučík. Comprendeva anche un testo di Jean-Paul Sartre, *La libertà* di Paul Éluard e *La nostra marcia* di Majakovskij. Emilio Vedova aveva realizzato i disegni per le scenografie e i costumi. Il lavoro fu accolto con molte polemiche, come tanta musica contemporanea del periodo, e come accadde pure per le mie cancellature che – a ben vedere – avevano qualcosa in comune con le partiture di Nono: lui riscriveva, trasgredendolo, il discorso melodico, come io stavo cercando di fare con la parola. Ci avvicinava, credo, l'evidenziazione di un nuovo significato all'interno della partitura. Le sue «risonanze erranti» – come le avrebbe poi battezzate – e la vocalità del sonoro diffuso nella nostra società, facevano uso di frammenti, trasformati in musica. Molto simile al mio uso dei testi letterari, modificati per estrarne altri significati, altre narrazioni.

Il punto di osservazione privilegiato che mi aveva offerto il mestiere di giornalista mi permise, insomma, di confrontarmi quotidianamente con tutte le sperimentazioni delle neoavanguardie in atto a Venezia.

Per quanto riguarda la Biennale pop del 1964, dove vidi l'arte cambiare marcia e direzione in modo quasi definitivo, non posso nascondere che rimasi impressionato dalla forza di quelle immagini schiaffate davanti agli occhi dello spettatore nella loro più scontata evidenza. Mi stupirono gli innesti di materiali che mutavano il significato stesso dell'opera. Penso, per esempio, all'uso della plastica o delle tirature dei multipli legate a un concetto di serialità, come nella distribuzione industriale. Ma i miei dubbi sugli effetti di questo cambiamento emersero contestualmente. L'errore degli americani fu quello di innamorarsi di questi stessi materiali al punto da perdere di vista il senso dell'arte e ridurla a manufatto. A forza di considerare l'arte un manufatto, si rischia sempre la fine dell'apprendista stregone che perde il controllo della tecnica causando danni alla collettività.

Mi riferisco alla zuppa di piselli di Andy Warhol. Se la vedi sullo scaffale di un supermercato non dice nulla; se la vedi in un museo scatta l'effetto duchampiano dello spaesamento. Ma se il mercato dell'arte diventa l'equivalente del mercato alimentare, lo spaesato perde tutto il suo stupore e pure il suo ruolo di attivazione del nostro subconscio. Il prelievo dell'oggetto dallo scaffale perde cioè il suo contatto con la dimensione mentale dell'operazione e torna a essere merce. Compito dell'arte non è quello di trascinarci verso il reale, ma verso la sublimazione, filtrare cioè la cronaca attraverso il simbolo e la poesia. Che bisogno c'è di aggiungere altra realtà alla realtà? Quando l'ho capito mi sono spaventato.

Ero stato negli Stati Uniti giusto un anno prima della fatidica Biennale, nel 1963, spedito per un mese dal giornale come inviato a seguire John Fitzgerald Kennedy nel suo ultimo viaggio lungo il Paese, prima che gli sparassero a Dallas, nel novembre metafisico di quello stesso anno. Kennedy ricevette i giornalisti alla Casa Bianca e io mi presentai con una cravatta di Zegna comprata in Montenapoleone il giorno prima della partenza; da questo capì che ero italiano e me lo disse con gioia, complimentandosi per uno stile che ancora non era stilismo. Nell'articolo che scrissi per la sua morte, raccontai anche dell'incontro a Washington aggiungendo il commento di un tassista nero che avevo interrogato sulla politica inclusiva del presidente e che rispose, infatti, con una dichiarazione di stima verso di lui e di sua moglie Jackie.

Durante il mio tour per gli States, avevo visto i cimiteri di automobili che sembravano cimiteri umani, cadaveri di umanità. Ero soverchiato dalle immagini della pubblicità, frutto di quella nascente e incalzante società massmediatica dell'immagine. Continuavo a domandarmi quale sarebbe stata la sorte della parola all'indomani di tutto ciò. E mi chiedevo: se si costruiscono immagini con le parole, perché non costruire parole con le immagini? Speravo che, col tempo, l'immagine potesse assumere la duttilità di impiego che vanta la parola umana. Consideravo la perdita della parola in favore dell'immagine pura, così come si vide nella Biennale del 1964, una sconfitta e un regressione grave. La Pop Art fece invecchiare improvvisamente l'Europa. Anche il dibattito critico fu travolto dalla positività americana che appiattì il dibattito.

Per questo trovavo strano che gli artisti di piazza del Popolo – Schifano, Festa e Rotella – stessero diventando più americani degli americani. Non che questa metamorfosi favorisse il loro successo oltreoceano, dove mi pare siano stati accolti in modo tiepido.

Io, in ogni caso, mi rifiutai anche solo lontanamente di adeguarmi. Non posso negare di aver seguito talvolta le mode, ma per contrastarle. Altri lo hanno fatto per assecondarle. Ma io sono un vecchio europeo e di fronte alle mode subodoro sempre un segnale di pericolo.

Sono un superstite, come diceva Pasolini e ribadiva Testori. O, per lo meno, mi sento tale. Nel senso migliore del termine. Come il superstite Ulisse quando scampa al naufragio. È sempre Polifemo quello che ci perde. Mentre lui spiega le vele.

«Sai disegnare la testa di un cavallo?»

«No. Ma so disegnare una cancellatura.»

Da bambino guardavo i quadri di Raffaello e degli spagnoli come Murillo che, insieme a Velázquez e Ribera, fu un gigante della pittura barocca del *Siglo de Oro*. Li guardavo, ma non li capivo fino in fondo. Avevo un buon orecchio, ma non sono sicuro di aver avuto un buon occhio. Forse perché non l'ho mai coltivato. Però guardare quei quadri è stato utile per accendere qualcosa nella mia testa. Se non altro, l'idea di cancellarli.

Lo stesso Burri confessava che senza i sacchi rotti non avrebbe potuto fare l'artista. E che pittore sarebbe stato l'immenso Fontana delle opere barocche se non avesse inventato anche i tagli?

«Tutti hanno pensato che io volessi distruggere ma

non è vero: io ho costruito, non distrutto» diceva il grande Lucio per spiegare al mondo che i suoi buchi inferti alle tele erano un modo per moltiplicare lo spazio, andare oltre, spingere lo sguardo e la mente verso una dimensione infinita.

Quindi, nel mio caso, non dovevo fare altro che inventare la cancellatura se volevo fare il pittore. Perché, parliamoci chiaro, tu non puoi fare un quadro perfetto se non cancelli quello che non ti piace o che non serve. Penso al braccio che Giorgione sceglie di cancellare da un disegno preparatorio. O il personaggio che Caravaggio decide di cacciare nell'ombra per toglierselo dai piedi. Vale lo stesso per il cinema o per il teatro. Per una scena tagliata da un film di Rossellini. Per una battuta di troppo cancellata da un copione di Zavattini.

Tramutando la cancellatura in una cifra costruttiva dei linguaggi umani, e non distruttiva, io avevo trovato l'altra faccia della parola. L'essenziale da preservare. La mia cancellatura non era certo il *Buddha* di Bamiyan, distrutto dai talebani. Io la concepii come un atto di fede. Intendo dire che nacque come un gesto di venerazione della parola stessa. E tale era. Il gesto di un devoto.

Se ho frainteso la pittura? Sì, lo ammetto. Questo non significa che io non sappia chi sia Giotto, lo so bene. È chiaro che sono in grado di parlare del «non finito» michelangiolesco, so bene anche questo. Ma della pittura non mi ha mai interessato ciò che si mostrava agli occhi, bensì al cuore.

Una volta andai all'Alte Pinakothek di Monaco di Baviera, dove ammirai per la prima volta Peter Paul Rubens, il *Giudizio Universale*, una pala d'altare alta sei metri con tutto il suo turbinare di santi e dannati da far girar la testa. Siccome era l'ora di chiusura, e i tedeschi sono puntuali e ligi come nessuno al mondo, i custodi del museo mi fecero presente che avrei dovuto vederlo velocemente. Corsi fra i saloni mezzi vuoti e mi fermai solo pochi istanti davanti a quel colosso. Uscendo ero desolato, perché pensai di non aver visto nulla. Mi rimase per anni un certo rimorso. Un senso di colpa per non essere arrivato per tempo. Eppure Rubens, con lo splendore delle sue strutture pittoriche, mi era rimasto dentro comunque. Non che fosse un artista nelle mie corde. A dire il vero, se un artista non è nelle mie corde mi piace ancora di più, perché mi fornisce lo stimolo a ragionare sulle differenze, su ciò che mi sfugge e su ciò che ho frainteso.

Quarant'anni dopo rientrai all'Alte Pinakothek e stavolta avevo davanti tre ore buone di visita. Il *Giudizio* fu il primo quadro che andai a cercare. Ma mi accorsi che anni prima, in tre minuti, avevo visto esattamente quello che avrei apprezzato dopo molto tempo, con calma. Le cose che contano le colgo sempre e capisco benissimo Goethe quando diceva che i libri bisogna annusarli senza leggerli. Mi rompono le scatole quelli che, girando per casa mia, mi chiedono se i libri sugli scaffali io li abbia letti tutti. E adesso mi chiedono se li cancellerò tutti.

Oggi siamo abituati a un'arte che si ferma alla retina, ma non affonda nella nostra sensibilità. Come la comunicazione fondata sulle parole inutili della nostra contemporaneità. Se l'arte non è capace di rinviare ad altro, al di là di noi stessi e oltre la contingenza, allora siamo spacciati.

Per questo il mio sforzo è stato di tornare alle origini della pittura, che coincidono con le origini della scrittura. Se il verbo greco γράφειν (*gráphein*) significa sia «scrivere» sia «disegnare», una sola parola per due attività parallele, vorrà ben dire qualche cosa. Io ho cercato la parola nella pittura e la pittura nella parola. Come Michelangelo che, guardando il suo terribile Mosè scolpito per la tomba di Giulio II, gli rivolse la frase: «Perché non parli?». Sarà un aneddoto inventato, ma è celebre. La verità è che la parola e le immagini si qualificano a vicenda. Tutta la mia arte si basa su questo principio. Peccato che tale ambivalenza abbia fatto sì che io fossi, a mia volta, frainteso dai miei colleghi e dal mondo dell'arte in generale. Una volta il mio amico Giancarlo Politi, direttore di «Flash Art», mi strigliò perché anche la critica faceva fatica a incasellarmi. «A te non si sa mai dove appenderti.»

In effetti, gli artisti concettuali non mi consideravano perché mi ritenevano un poeta. Mentre i poeti visivi avevano smesso di includermi nei ranghi perché mi reputavano ormai un artista concettuale. Non sapendo da che parte stare, mi scomunicai da solo. E cominciai a vestire i panni del genio solitario. Mi escludevano dalle mostre e io tiravo dritto, cercando di nascondere il mio carattere suscettibile e permaloso. Non protestavo mai, ma si capiva dai miei occhi che gli altri attizzavano il fuoco. Quando compresi che questa reazione era comunque evidente, me la feci passare. Come quella volta, nel memorabile 1956, quando sotto la guida di Michele Stylo, che ancora seguivo nel mio ruolo di aiuto regista per mezza Sicilia, partecipai all'*Aiace* di Sofocle, interpretato da Alberto Lupo e Gianrico Tedeschi, messo in scena per la famosa riapertura del teatro di Tindari. Per una disattenzione degli organizzatori il mio nome fu sciaguratamente omesso, cancellato (profeticamente?) dai manifesti. Me ne accorsi in tempo, ma per orgoglio e insieme timidezza non lo dissi a nessuno. Mi consolai facendo amicizia con Carlo Meucci, il figlio di Antonio, l'inventore del telefono, mai risarcito dagli americani per il furto della sua invenzione. Carlo, vittima di mille traversie, smerciava medagliette votive davanti al Santuario della Madonna Nera e io pensai che, tutto sommato, a me era andata meglio.

Anche oggi, quando non mi citano, ascolto mia moglie Scilla che mi conforta: «Non abbiamo bisogno di queste piccolezze».

Ho adottato infatti stoicamente la cosiddetta psicologia della «bella morte», ovvero morire in campo combattendo. Poi ho capito che era meglio fare l'eroe piuttosto che il martire. E mi buttai al salvataggio della parola, come Ruggiero con Angelica. Sarebbe stato, a ben vedere, istituzionalmente compito degli scrittori e dei poeti classici. Ma quelli volevano farlo con mezzi tradizionali e non concepivano soluzioni diverse. Io cercai allora di andare oltre il concetto di «opera aperta» teorizzata da Umberto Eco. Lui stava superando l'idea di opera come forma rigida e chiusa, per trasformarla in un processo; faceva entrare nell'oggetto creato l'interpretazione e la casualità, analizzava il mondo attraverso la semiologia. La mia ricerca, invece, si allineava a quello che era stato il lungo tragitto del Novecento nel segno del venir meno della fiducia nella comunicazione. Nel 1908 il poeta avanguardista futurista russo Velimir Chlebnikov non aveva forse scritto i versi: «Dal sacco / si sparsero al suolo le cose. / Ed io penso / che il mondo / è soltanto un sogghigno, / che luccica fioco / sulle labbra di un impiccato»? Insomma, mentre

Eco studiava i segni e le parole, io dichiarai semplicemente la fine della parola. Cancellandola.

È normale che molta gente, anche di stampo progressista, mi abbia considerato un nichilista. Ma, davanti all'avanzata dell'arte americana più corriva e compiacente e della cultura dell'immagine in un'epoca ridondante di media così travolgenti da renderci ciechi, io trasformai in immagine la parola come avevano fatto i cubisti e i futuristi a inizio secolo, quando inserivano strappi di giornale nella pittura, per creare valori emotivi fondati sulla verbalità.

Sul problema della logica di massa, la Pop Art non aveva tutti i torti. Solo che i suoi esponenti, da Richard Hamilton a Tom Wesselmann, lavoravano in vista di una comunicazione che dimenticava le ragioni dell'arte, tanto è vero che a volte mi svegliavo con l'incubo di non distinguere la fatidica scatoletta di Andy Warhol da quella di un emporio veneziano. Mi pareva che rispondessero alla ideologia del consumo con la stessa modalità linguistica. Ma guai a dirlo. A forza di criticare le merci, finirono per glorificarle.

Questo spazio, questa distanza fra verità e rappresentazione, l'artista deve mantenerlo presente. Altrimenti si rinuncia all'invenzione del linguaggio, alla trasfigurazione, al sentimento poetico, al talento; si potrebbe dire che la Pop Art ricorse a una forma di nuovo verismo, di descrittivismo esteriore o superficiale, passivo di fronte al «vero» e destinato, suo malgrado, ad abdicare al gesto creativo dell'artista autentico.

La mia *Volkswagen* era, al contrario, un avvertimento: voleva allertare sul pericolo palpabile che la società glorificasse una macchina come se fosse Dio. Rispetto alla Pop Art, nella mia opera c'era una evidente rielaborazione del soggetto; non c'erano quei loro colori vivaci, c'era un sobrio bianco e nero e c'erano, soprattutto, l'invenzione della composizione e l'innesto poetico. Era un vero e proprio atto di accusa alla Pop Art, che giocava sul suo stesso tavolo, ma con carte diverse.

Oltre alle ire del cardinale, al biasimo del prete e alle ansie di mia madre, la casa automobilistica tedesca mi intimò di ritirarla immediatamente dalla circolazione, perché non potevo usare il loro marchio per un'opera d'arte. Io diedi una risposta gagliarda.

«La ritirerò quando voi ritirerete le macchine» e nulla più accadde.

Avrei forse potuto cavalcare l'onda e tentare addirittura di vendergliela, come volano del loro prodotto. Ma guai a vendere un'opera a un nemico capitalista! Mi sarei sentito un traditore del popolo e la condanna dei compagni di sinistra libertari sarebbe stata ben peggiore di quella del prelato.

Era il 1964. Vent'anni dopo sarebbero arrivate Bar-

bara Kruger e Jenny Holzer ad agire sulla coscienza civile degli americani con le loro scritte tracciate alla maniera delle insegne dei negozi newyorchesi, con aforismi che costringevano il lettore a riflettere su temi giganteschi: consumismo, maschilismo, individualismo e altri frutti marci dell'edonismo reaganiano. Ma, ripeto, ci sarebbero voluti altri vent'anni. Però alla Kruger, alla Holzer e a chi seguì giustamente quella strada, nessuno disse che la parola non era lecita come forma artistica. Quando lo feci io, in modo sperimentale, si scatenò una sorta di rifiuto razzistico. Il mio amico Achille Bonito Oliva se ne uscì con una frase odiosa: «Bisogna levare agli artisti il lusso della parola».

La parola era, invece, portatrice di un pensiero più limpido dell'immagine. E il pensiero è verbale, come testimoniano le religioni di tutto il mondo. Ma fu una lotta. I cliché imperavano. Il pittore doveva fare il pittore. La poesia doveva restare nei libri e faceva pure un po' paura, perché era considerata démodé. Non capivano che la parola poteva qualificare le immagini stesse. Le guerre sarebbero tutte uguali se non ci fosse la voce dello speaker che ne parla. Anni dopo, per dimostrarlo, disegnai due immagini identiche, cancellate da una stessa macchia bianca e distinte solo da un testo alla base: VEDO QUESTO NEGLI OCCHI DI AMORE, VEDO QUESTO NEGLI OCCHI DI MORTE. La parola generava attesa, suspence, mistero. Era potente e tragica come la dicotomia che separa e unisce l'esistenza e la finitudine. Parlai di «prospettiva verbale», alludendo a come, davanti agli esiti dei nuovi media, fosse crollata la prospettiva rinascimentale e a come si dovesse affidare alla parola il compito di costruire nuove profondità semantiche e formali. Volevo che l'arte parlasse e di questa ossessione ne feci il mio Mosè. Non avevo sinceramente la certezza che ciò che sostenevo sarebbe stato accettato come vero. Vivevo sempre in un sanissimo dubbio. Ma spesso, col tempo, le mie ipotesi si sono dimostrate vere.

Quando nel 1967 presentai a Milano, nella galleria di Guido Le Noci, le prime poesie visive e la cancellatura, ricevetti le lodi di Fontana che, come faceva d'abitudine con tutti i giovani artisti, acquistò un pezzo (una piccola serigrafia proprio della *Volkswagen*) in segno di stima e incoraggiamento.

«Puoi esserne soddisfatto» disse Guido appena Lucio uscì dalla mostra.

Ma io ero ancora più soddisfatto della frase che, stiratissimo nel suo vestito grigio di lamé, Fontana aveva pronunciato davanti a una mia grande tela con disegnata sopra una freccia e la scritta LA FRECCIA INDICA UN'ALTRA FRECCIA IN VOLO, dove la parola creava tutto un mondo, disegnava non a caso una prospettiva, rendeva visibile l'invisibile.

«L'arte ormai non può che essere così: concettuale» disse compiaciuto, orchestrando le mani nell'aria come ad afferrare qualcosa che gli sfuggiva.

D'altro canto, Fontana, nel lontano 1934, aveva scolpito un'opera manifesto, che presagiva quanto sarebbe successo trent'anni dopo, seppure espressa in termini figurativi. La *Signorina seduta*, nella sua pelle dorata, sollevava le mani verso il volto, circoscrivendo nell'aria una forma geometrica immateriale, generando un vuoto fra le dita. Gli era bastato un semplice gesto per spalancare la dimensione del sogno e dell'inconscio, dell'assoluto e del divino. Cosa che poi avrebbero fatto i suoi buchi e i tagli, sintesi radicale dello stesso gesto. Per questo Lucio Fontana non aveva avuto alcuna difficoltà a comprendere l'altrove che la mia freccia indicava e a ricondurre la mia ricerca a quella poetica concettuale che lui stesso aveva visionariamente inaugurato.

Nel 1967, mentre la contestazione giovanile cominciava a muovere i primi passi, Pablo Neruda vinceva il Premio Viareggio con i suoi versi sulla pace (io l'avevo incontrato quando era ambasciatore di Allende a Parigi) e Paolo VI pubblicava la famosa enciclica *Populorum progressio* («Lo sviluppo non si riduce alla semplice crescita economica»), l'arte concettuale di Joseph Kosuth e di Sol LeWitt sancì il processo di dematerializzazione dell'arte avviato da Marcel

Duchamp, confermando che l'arte era progetto e non prodotto. E tanti saluti alle scatolette di Andy. Dal mio punto di vista, ne fui contento, perché pensai che anche io operavo da tempo sulla stessa strada: non sul piano del positivismo logico, che trovavo noioso nell'arte – il rapporto fra la parola e le cose, le relazioni linguistiche fra l'oggetto e la sua definizione, mi parevano presupposti troppo didascalici – e non sul piano della tautologia per cui l'arte è un'idea, che mi sembra una banalità.

Ero invece legato all'arte concettuale principalmente per via del rifiuto della materia dell'opera in sé. Tanto è vero che facevo i miei progettini a mano e, seppur belli, li stampavo su carta fotografica e poi distruggevo l'originale. Questo concorreva a rafforzare l'ipotesi di una lettura concettuale del mio lavoro. Ma io restavo un poeta e non ero un concettuale perché in una sola opera contemplavo molti altri significati. Ci fu una gara a distruggermi e a minimizzare la mia ricerca. Gli stessi poeti visivi non mi volevano fra loro, etichettandomi come un concettuale. E viceversa. La poesia visiva, poi, era guardata con disprezzo, come un ibrido senza forza. D'altra parte, la cancellatura mi separava irrimediabilmente sia dall'arte concettuale, sia dalla poesia visiva, sebbene io sia stato uno dei principali promotori di entrambe. Era una nuova ricerca.

Di fronte a tutto ciò, non dico che ne soffrissi; non mi importava, ma sapevo che avrei dovuto farmi capire di più. Lo feci energicamente con *Il Cristo cancellatore*, sinonimo di un Cristo giustiziere salito sulla colonna più alta del Tempio. Era l'*Agnus Dei* che toglie i peccati del mondo e che, qui, faceva *tabula rasa* di ogni antagonismo. Ho fatto audacemente appello a una dimensione religiosa, per attingere a una fonte mediatica e a una cultura mediterranea, piuttosto che alle zuppe di Warhol che avevano nutrito gli artisti di piazza del Popolo. Una nota in calce all'opera recitava: «L'editore avverte che queste pagine sono state cancellate da Gesù Cristo». E sul frontespizio mancava il nome dell'autore. Era il mio primo rifiuto dell'identità. E il mio identificarmi con Cristo (un Cristo non cristiano, ovviamente) ricordava piuttosto l'atteggiamento di chi, nelle case di cura, si identifica con Napoleone.

Da quel momento in avanti presi a ragionare sull'identità e sulla sua negazione, sempre servendomi di un linguaggio visivo potente. Nel 1969, in una mostra alla Galleria del Naviglio di Carlo Cardazzo, dedicai tre opere a me stesso, come tre autoritratti. La prima diceva: «Emilio Isgrò (a sinistra) medita sull'immortalità dell'anima». La seconda: «Emilio Isgrò (sotto l'albero) medita sul destino del vecchio continente». La terza: «Emilio Isgrò (al centro) scivola verso la morte». E in tutti e tre i casi appariva un vasto fondo grigio, vuoto e struggente, privo della mia immagine. I critici conclusero, giustamente, che fosse un caso limite di narcisismo; qualcuno, preoccupato del mio futuro, mi consigliò di non esagerare. Ma stavo dichiarando esattamente l'opposto. E, infatti, nel febbraio del 1971, presentai *Dichiaro di non essere Emilio Isgrò*, operazione performativa e comportamentale, che vedeva la figura dell'artista sdoppiarsi e, allo stesso tempo, annullarsi, per rappresentare l'ambiguità del mondo e del linguaggio stesso, soggetto a continue metamorfosi, a inganni e illusioni. Certificai così, con tanto di firma, la mia autocancellazione in seguito al disconoscimento di alcune mie caratteristiche fisiche da parte di amici e parenti. Insieme a quello dell'identità continuavo ad affrontare, in questo modo, il tema della comunicazione. E lo facevo creando un conflitto fra segno iconico e segno verbale. Le parole e le immagini, schierate sulla superficie come su una pagina bianca, determinavano azioni, scambi, drammi, narrazioni e paradossi. Il critico Germano Celant, con il quale negli anni successivi avrei creato un sodalizio importante, disse: «Questa è la tua pittura».

Credo si preoccupasse del fatto che io apparissi come un pittore e intendeva darmi un nullaosta nel mondo dell'arte a tutti gli effetti, senza che fossi nuovamente ricondotto alla poesia visiva, che gli sembrava un declassamento.

Poi, in realtà, il pittore l'ho fatto davvero.

Al principio non sapevo stendere un colore sulla tela e tremavo al pensiero di essere chiamato all'esame più difficile: quello di tracciare una linea dritta con lapis e riga. Ma quando la cancellatura assunse i caratteri di una traccia grafica definita e armonica, imparai il mestiere. Mi meravigliò un commento della mia amica gallerista Franca Mancini che negli anni Settanta, nella sua galleria di Pesaro, si era ritagliata un ruolo significativo come luogo di ricerca di connessioni tra avanguardie storiche e arte contemporanea.

«C'è una eleganza suprema nelle tue opere» mi disse con un sospiro.

Io, che avevo combattuto per anni contro l'eleganza, non lo presi come un complimento. Lei, invece, si riferiva al mio atteggiamento disinibito rispetto ai codici. Dovevo però inventarmi tutte le mattine come farlo, non volevo perdere la partita. Guardavo, non ai grandi maestri, ma a quelli più tecnici, agli artigiani. Avevo bisogno del sillabario della pittura. Facendo il giornalista e dovendo disegnare ogni giorno il menabò per il giornale, ho allenato l'occhio a posare l'immagine e la parola nel posto giusto della pagina. Ho acquisito il senso della composizione e un'idea di forma. Conoscevo la forza delle posizioni. Così l'ho trasposto nella cancellatura, mettendo le macchie al posto giusto. Mi accorsi, poco per volta, che quello che realizzavo mostrava valori realmente pittorici; capii cosa fosse la pittura e quali fossero i suoi componenti fondamentali: forma, materia, colore.

Per questo nelle mie opere recenti ho spinto l'immagine a scaturire dalla parola. Come nel *Sillogismo del cavallo*, dove il profilo di un cavallo affiora prendendo corpo da un testo cancellato. Poi, talora, ho voluto esagerare, inserendo l'oro nelle cancellature, citando i fondi oro delle icone e dei primitivi del Trecento, così come fece pure Fontana con alcuni dei suoi meravigliosi *Concetti spaziali* che erano infatti ispirati a Giotto e allo spazio dorato del sacro. È chiaro che l'azzardo di Fontana servì anche a me come lezione.

Molte volte ho tradito me stesso; nel senso che quando il mio lavoro rischiava di scadere in routine, in abitudine, ho cercato di dare un colpo d'ala per liberarmi da quella zavorra. Una zavorra che si chiamava Emilio Isgrò. La zavorra ero io.

A Barcellona, da bambino, con il mio amico Cosimo andavamo a studiare fra i pini del Convento del Carmine. Un giorno un monaco ci vide e ci invitò a entrare nel convento per finire i compiti. Solo che, invece di studiare, accendemmo una radiolina scassatissima del dopoguerra, che era dei frati, e riempimmo i saloni con il delirio della Lucia di Lammermoor: «Il mio cor con te qui resta». Le note arrivarono fino in chiesa e i monaci corsero fuori a vedere che succedeva.

Quando lavoravo, ascoltavo sempre la musica. Mi piaceva e mi cullava. Specialmente il melodramma italiano, che dalla finestra del mio studio veneziano si diffondeva per i canali. La mia infanzia e la mia formazione si erano nutrite di musica lirica e benché conoscessi la storia delle avanguardie, dal Futurismo in avanti, comprese le sperimentazioni musicali di Debussy o Schönberg, ne cercavo le origini in Verdi e in Bellini.

Nel 1968 decisi di lasciare definitivamente la Laguna per tornare a Milano dove la musica che mi piaceva era quella dei vecchi tranvai che fischiavano sulle rotaie. Non mi disturbavano affatto. Al contrario, mi aiutavano a pensare. La Milano che trovai al mio ritorno era quella della meglio gioventù, dei cortei, degli slogan sui muri, dei megafoni e delle femministe, dell'autunno caldo e dei metalmeccanici. Io, ai cortei, venivo trascinato dai miei amici architetti, entrambi impegnati politicamente, Nicola Voceri e Augusto Perelli che insegnavano Urbanistica al Politecnico. Eravamo molto legati. Voceri, che veniva da Mantova e approdava spesso in vacanza in Sicilia dai miei, pensava che un artista come me non potesse essere estraneo al Sessantotto, visto che avevo firmato opere ribelli come *Il Cristo cancellatore*, presentato a Milano da Pierre Restany, con un testo critico in francese proprio durante il Maggio francese.

In effetti, esprimendomi in questo modo con l'arte, stavo a pieno titolo dentro la politica, ma senza esserlo. Non mi interessava schierarmi radicalmente, sebbene le mie posizioni fossero evidenti. Non ho mai detto di essere quello che non ero: un rivoluzionario. Non sono stato un sessantottino di stretta osservanza, anche perché avevo qualche anno in più per l'epoca, ma non mi sono tirato indietro da quel mondo che voleva cambiare il mondo. I giornali scrivevano infatti che io, con le mie opere, ne avevo in un certo senso preparato il terreno. Ci sono artisti che fanno gravitare le cose inconsapevolmente intorno al proprio lavoro. Basti pensare a Picasso. Io, in tutta onestà, non sapevo quanto la mia ricerca fosse lo specchio di quel clima, ma il grido e il fervore delle proteste li assorbivo quotidianamente e mi pareva di parteciparvi attivamente, facendo politica con la parola cancellata e con tutto il suo valore sovversivo.

Mai avrei rinunciato all'afflato collettivo per il quale mi battevo. Il tema sociale lo avevo, di riffa o di raffa, testato sulla mia pelle, sin da piccolo. Giulia Borgese, giornalista del «Corriere della Sera», figlia di antifascisti, che al liceo Parini aveva organizzato i primi scioperi contro i professori, scrisse che i cartelli delle manifestazioni sembravano ispirati al mio lavoro. Tuttavia, quando sfilavo con gli amici davanti al carcere di San Vittore, mentre gli altri urlavano «Fuori i compagni! Dentro Paolo VI!», io restavo un po' allibito; la violenza, scritta o verbale, non era nelle mie corde. E l'unica volta che mi chiamarono «compagno» fu davanti all'Università Statale, in via Festa del Perdono, dove una voce dal microfono del palco issato per un comizio mi ammonì: «Compagno, stai nelle file!».

Si vede che non ero allineato bene. E, forse, non solo col corpo. Non ero, insomma, abbastanza ligio alla rivoluzione; ma quel titolo, appioppatomi *honoris causa*, mi rese orgoglioso, pur nella retorica sessantottina da cui eravamo tutti travolti.

Lasciato «Il Gazzettino» di Venezia, passai al settimanale «Oggi», guidato da un caporedattore, ex colonnello di cavalleria piemontese, che mi guardava strano perché cancellavo. Un mio collega veneziano, di stanza a Milano, Carlo Della Corte, aveva voglia di tornare nella sua città e propose uno scambio al direttore del settimanale, Vittorio Buttafava, e a Enzo Biagi, direttore editoriale della Rizzoli, affinché prendessero me al suo posto.

«Può sostituirmi benissimo» disse.

Non era vero, ma ebbero il torto di credergli.

Al bar della casa editrice conobbi parecchi personaggi di spicco, in transito dai nostri uffici. Come il grande fotografo Ferdinando Scianna, siciliano di Bagheria, che lavorava per «L'Europeo» come inviato a Parigi, meraviglioso cacciatore di scene metafisiche inquadrate dall'obiettivo della sua reflex.

Biagi mi accolse bene e, ogni qualvolta minacciavo di andarmene, perché non sopportavo gli ordini del colonnello e la sua testa superbamente calva, mi chiamava nella sua stanza per dissuadermi dalla fuga. Il suo sguardo sornione si appoggiava su di me in un misto di indulgenza e rassegnazione. Ma riuscì a convincermi per poco. Me ne andai in punta di piedi, senza sbattere porte o seminare ringraziamenti, rinunciando per sempre a quella attività di giornalista che aveva fatto di me un uomo attento ai mutamenti, sensibile e avvezzo agli ingranaggi della comunicazione. Volevo fare l'artista a tempo pieno e investii bene tutta la liquidazione al fine di garantirmi un po' di agio in attesa che il mercato si accorgesse del mio lavoro.

Se le notti le passavo nei cabaret di Milano dove si esibivano gli esordienti Cochi e Renato, Villaggio, Gaber, Jannacci o Lino Toffolo che, a Venezia, aveva musicato e cantato un mio testo a casa di amici comuni, di giorno passavo regolarmente dalla galleria Apollinaire di Guido Le Noci, in via Brera, che pur esponendo autori straordinari e d'avanguardia, come il poetico Yves Klein coi suoi monocromi in IKB, International Klein Blue – il famoso blu cobalto che il francese aveva brevettato –, non vendeva neppure il necessario per rimanere aperto.

«Quanto si soffre per voi artisti» commentò una sera Restany, assecondando il lamento del vecchio Guido.

Anche il designer Enzo Mari, celebre per il suo caratteraccio potenziato da una febbrile irascibilità, frequentava l'Apollinaire insieme a sua moglie, la critica d'arte Lea Vergine, che nella sua Napoli eterna e meteca aveva esposto per prima i lavori di Lucio Fontana e che, anni dopo, avrebbe restituito alla storia dell'arte la ricerca di decine di donne dimenticate e sottovalutate, con la leggendaria mostra milanese *L'altra metà dell'avanguardia*. Era una coppia nota per la solenne asprezza, e perciò mi stupisco ancora dell'affetto che mi dimostrarono. Lei, dietro il suo carré sforbiciato con il righello. Lui, con la sua barba nera e cespugliosa. Mari, campione dell'arte programmata – che, come dice la definizione, «programmava» a priori la percezione dell'opera e le sue variabili –, quando vide la mia opera *Paolo e Francesca*, con due rette destinate a incontrarsi solo all'infinito (o all'inferno!), mi disse che rientrava perfettamente nell'arte programmata per la serie di varianti che implicava in un calcolo logico e matematico. Paolo e Francesca si sono incontrati? Si incontreranno? Non si incontreranno mai? E allora, se non si sono incontrati, perché sono condannati all'inferno? E, se si incontreranno (in un punto indefinito), saranno destinati a peccare? E se non peccheranno, perché dovranno andare all'inferno? Mari già si immaginava mille ipotesi possibili di comunicazione, nate dai medesimi due elementi di una stessa composizione; tutte, ovviamente prevedibili e... programmabili.

Ma la sua idea di arte programmata mi pareva una situazione rigida. Io volevo, sì, regolare la cancellatura, per elevarla dal rischio della «trovata», ma senza farne un sistema rigoroso e inflessibile. Non entrai nel merito con lui. Era un discorso che non andava bene per me e per la mia arte. Se avevo avuto dubbi persino sull'opera aperta di Umberto Eco, non parliamo di questa.

Mi distrassi seguendo un giorno l'operoso Bruno Munari su un monte vicino a Como, dove giocammo per un intero pomeriggio con gli aquiloni e con tutti i bambini che seguivano i suoi laboratori creativi.

«Sono i bambini gli artisti più grandi» mi disse sorridendo, conscio della fortuna che questa affermazione gli avrebbe procurato nel sistema dell'arte, che infatti lo riconobbe come un genio del più divertito candore.

Non sono sicuro che il gioco abbia fatto parte della mia ricerca. L'ironia sempre, ma il gioco nella sua valenza ludica ho cercato di misurarlo per non sottrarre credibilità alla mia necessità di agire. Però mi divertivo parecchio, non posso negarlo, nel vestire i panni di uno sperimentatore multiforme, attratto ogni volta da nuove sfide. Come quando mi buttai nell'impresa di un film cancellato, *La jena più ne ha e più ne vuole*, un kolossal cancellato per dire che le guerre di quegli anni, in particolare la guerra del

Vietnam, stavano divorando il mondo. Lo schermo sarebbe stato coperto da grandi macchie nere come cancellature. Durante la conferenza stampa mi inventai che Giuseppe Rotunno, direttore della fotografia prediletto da Fellini e da Visconti, stava mettendo a punto per me una «cinepresa cancellatrice» destinata a riprendere le scene solo a pezzi.

All'alba delle prime riprese, ci giunse però la notizia che un ordigno di elevata potenza era esploso nel salone centrale della Banca Nazionale dell'Agricoltura di piazza Fontana uccidendo diciassette persone e ferendone quasi novanta. Milano era precipitata di colpo negli anni di piombo. Il film cancellato non si fece più, cancellato a sua volta da una strage iniqua.

«Io ~~non~~ cancello la violenza.»

Lo dissi una volta anche a Toni Negri. Ci trovammo a una cena a casa di conoscenti comuni. Negri aveva chiesto al mio amico Vincenzo Consolo di presentarci. Come tutti i rivoluzionari, coltivava il sogno di fare lo scrittore e il drammaturgo; solo che commise l'errore di fare il drammaturgo nella realtà politica. Mi diede la mano e quando aprì la bocca ne uscì una voce chioccia. Io mi sarei aspettato, da un politologo accademico dissidente come lui, una voce a dir poco baritonale. Quando sentii la voce ci restai male. Eravamo seduti uno davanti all'altro, lui sul divano e io in poltrona, e parlammo di rivoluzione tutta la sera. Io però parlavo della cancellatura, come se la rivoluzione l'avesse fatta lei e non ci fosse bisogno d'altro! Ero convinto di aver risolto così tutti i problemi. Lui mi parlava invece di azioni che neanche immaginavo, spostando la discussione su un terreno fatto di passamontagna e di *molotov* lanciate contro le sedi di partito. Non ero spaventato, ma lo ascoltavo come un marziano. Stavo lì, nei miei calzoni di velluto, a parlare di arte e di letteratura, e lui di rapine e cassonetti incendiati, tanto che ne diedi la colpa alla vocazione frustrata del drammaturgo.

Io non cancello la rivoluzione, però deve essere una rivoluzione incruenta.

Non ricordo se glielo dissi o se, semplicemente, lo pensai.

«Mi ispiro a Michelangelo, caro Toni, non a Bakunin.»

L'incomprensione fu tale che non sentimmo mai più il bisogno di rivederci.

Dal canto suo, l'amico Consolo era pure un rivoluzionario, ma senza cappuccio. Sua moglie Caterina Pilenga fu coinvolta in un'inchiesta sul terrorismo e sul gruppo di Negri; le accuse vennero ridimensionate a pochi e sporadici contatti con alcuni esponenti dell'area dell'autonomia. In sua difesa si schierò anche Leonardo Sciascia, benché si dicesse che lei avesse agito da autista più volte per i compagni e consegnato esplosivi alla resistenza greca in un incontro clandestino in piazza della Scala. Consolo, da buon siciliano, fece finta di non sapere. Il massimo della «sua» rivolta lo toccò con me, tempo dopo, quando io scrissi il romanzo *Polifemo* ambientato in Sicilia e lui fu geloso perché si considerava l'unico successore di Sciascia. S'era già adombrato per i libri di Gesualdo Bufalino: figuriamoci per quelli di un vecchio compagno di scuola.

Io non cancello la partecipazione.

Quando mi chiedevano di andare in una fabbrica a manifestare o a presenziare con la mia opera, ci andavo; se mi chiedevano opere per i carcerati, le davo; ma non pensai mai di scaldare le folle con le mie certezze. Tanto più che ne avevo poche. L'artista non è un piccione viaggiatore che porta messaggi. Guai all'artista che porta messaggi. Io non avrei mai scritto un libro come quello di Nanni Balestrini *Vogliamo tutto*, perché volevo poche cose e senza veemenza; mi bastava fare il mio lavoro e sapere che qualcuno lo stava capendo.

«Non ce la farai mai» sentii dire da qualche collega che godeva nel vedermi espulso dal sistema. Talora, addirittura dileggiato. Consolo riteneva che fossi un gioioso bambino. E questa cosa della bambinaggine faceva incavolare mia moglie. Comunque la si guardi, ero fuori mio malgrado, ma non smisi di osservare con interesse quello che mi succedeva attorno per interpretarlo. Avevo creato la cancellatura come una forma di partecipazione al destino del mondo e di inclusione di un pubblico che non volevo tenere lontano, ma trascinare all'interno del mio lavoro, cosciente. Non potevo contare purtroppo su mercanti che mi spingessero, restava un fatto solo mio. Per noi artisti post-sessantottini la fatica del vivere era più nobile e gratificante del successo mondano sancito dagli odiati borghesi che, a dirla tutta, poveretti, ci seguivano con affetto e simpatia. Ma la miseria era per noi, duri e puri, un dato permanente e necessario del nostro essere artisti. Finanziavo così le mostre con i miei proventi di giornalista, andando avanti a testa bassa anche quando il conto in banca scendeva vertiginosamente e io annaspavo per vendere pezzi ad amici o galleristi come Schwarz, uno dei pochi a credere fermamente in me.

Achille Bonito Oliva, con cui ebbi momenti tortuosi ma, grazie al cielo, mai insuperabili, mi bacchettò sulle pagine del «Corriere», snocciolando un titolo offensivo, *Cancella tu che cancello anch'io*. Giovanni Testori fece pressione sul direttore del giornale affinché Fiorella Minervino, cara amica e critica d'arte, potesse pubblicare una risposta adeguata, intervistando lo stesso Schwarz.

Testori, come Pasolini, odiava le avanguardie, perché i letterati avanguardisti giudicavano lui e Pier

Paolo due reazionari. Odiava le avanguardie ma, stranamente, non me. Forse proprio per il fatto di aver letto nella mia ricerca un linguaggio molto simile a quello stesso che entrambi misero in atto nel teatro e nel cinema, recuperando la parola senza uscire dai confini della parola. Con Giovanni, conosciuto ai tempi del suo *Il dio di Roserio*, in casa di Vittorini in viale Gorizia, dove sferragliavano i tram sotto i balconi del salotto, l'amicizia e la stima durarono a lungo. Qualche anno fa, Ennio Brion, erede della famosa famiglia Brion e della storica azienda Brionvega di radio e televisori da museo, mi commissionò un'opera pubblica per la nuova piazza del Portello, sorta sull'area dell'ex Alfa Romeo. Su quella rampa di cemento che guarda al cavalcavia della Ghisolfa, non avrei potuto cancellare altro che Testori. Scegliere le sue parole per il Portello significava rievocare le voci di Rocco e dei suoi fratelli, sovrapposte a quelle degli operai che lavoravano al cantiere. Dalle pagine del suo *Il ponte della Ghisolfa* ho cancellato molte parole per cavarne un succo intenso.

Del ponte che i lampioni illuminavano
di tremore:
smisurato.
altrove;

«"Su ciò di cui non si è in grado di parlare, si deve tacere." Mi piace molto fraintendere la dichiarazione di Ludwig Wittgenstein.»

Emilio Isgrò ride con gli occhi (chiari da normanno) e cita Wittgenstein, a modo suo.

«Ciò di cui si può parlare, non si deve tacere. Non è esattamente la stessa cosa. Chissà Wittgenstein che voleva dire... Ma io gli ho fatto dire quello che volevo io. Come ho fatto con Eschilo e con Manzoni.»

Emilio Isgrò cammina per le sale della mostra che sta allestendo e il giornalista lo segue, col taccuino in mano.

«Vede: Eschilo e Manzoni, Dante e Leopardi, Spinoza e Sartre, li ho fraintesi tutti, perché volevo far dire a loro ciò che serviva a me. Alla fine, ha funzionato.»

«Come?» domanda il giornalista.

«Mi sono trovato a fare arte concettuale quando nessuno sapeva cosa fosse. Ho fatto installazioni quando neppure io sapevo cosa fossero. Da ragazzino i miei compagni di scuola mi davano del poeta. Quando mi sono messo a cancellare Platone la gente mi ha preso per un filosofo. Ora c'è qualcuno che mi chiama avvocato grazie alla laurea *honoris causa* in Giurisprudenza. In realtà, da sempre, io so soltanto cancellare. E scrivere poesie.

Perché sono silenzi, non parole
le cose che pensiamo e non diciamo.»

«Mi faccia capire meglio, chi guarda le sue opere cosa deve vedere?» lo incalza il giornalista.

«Prima di vedere fuori, deve vedere dentro di sé. Oggi siamo abituati a un'arte dallo sguardo rapido, che tocca gli occhi ma non tocca la mente, né tanto meno la sensibilità.»

Alla parete scorre un testo di Pico della Mirandola dove, fra le cancellature, sopravvive soltanto una frase: *Anima rationalis est immortalis*. Di un lungo brano di Aristotele restano, invece, solo la punteggiatura e qualche eccetera: ,,, *ecc.* - ;;;

«Quello che resta della parola che cosa ci insegna?»

«A non accettare, a scatola chiusa, la comunicazione che oggi è prevalentemente visiva e fondata su parole inutili.»

All'ingresso del percorso campeggia una di quelle frecce che tanto piacquero a Lucio Fontana e a Enzo Mari. Una grande freccia bianca indica un'altra freccia che non c'è.

«Cosa indica veramente?» insiste il giornalista.

«Se l'arte non è in grado di rimandare ad altro che vada oltre noi stessi è meglio non farla» risponde categorico Isgrò (e fa spallucce). «Forse, più della cancellatura, il vero sconvolgimento lo hanno portato queste mie frecce che alludono a un segno assente, la cui esistenza è determinata dalla dichiarazione stessa. Io indico un segno assente, dunque quel segno esiste, pur vivendo nell'inesistenza.»

«Questo fa di lei un filosofo, Maestro» commenta il giornalista.

«Esiste un libriccino piccolissimo, mai citato nella vulgata, di Michel Foucault, *L'ordine del discorso*, che fu la sua lezione inaugurale al Collége de France e che sostiene come il potere controlli la comunicazione e come, nel discorso, la verità si nasconda negli interstizi. Quello che conta è quello che si nasconde nelle pieghe del testo; e che, come insegna il *maître à penser* francese, deve spingerci ad ascoltare ciò che c'è dietro.»

«Lei, da poeta, lo sa bene» conclude il giornalista.

«La poesia è il vero linguaggio. Perché è risonante, non è mai quello che dice in superficie, ma dice tutto fra i versi.»

Isgrò dribbla i venti leggii che reggono i volumi delle *Conclusiones* di Pico della Mirandola, dove la cancellazione agisce sul testo ma lo sovrascrive con la pittura, creando un nuovo livello di immagine articolato in segni sovrapposti, stratificazioni fatte di nero, bianco e oro, motivi iconografici (il carro platonico, la Menorah, il ritratto di Ermete con la sfera armillare) intrecciati ai capoversi, oltre ai simboli (aristotelici, orfici, cabalistici...) mescolati alle formiche che Isgrò libera sulla carta e sulle parole. Le sue formiche si nutrono qui dei saperi di Pico, dalla magia naturale ai dogmi della religione cristiana.

«Cosa rappresentano le formiche?» fa segno il giornalista con la matita spuntata.

«Le formiche pullulano non viste, sono cancellature mobili. Dilagano come macchie nere sui testi, obliterando, ma anche costruendo forme. È un dialogo fra natura e cultura, fra la sapienza delle formiche, che in natura custodiscono e proteggono, e il sapere umano che accolgono per preservarlo. L'idea nacque nel 2000, tornando nella mia città natale, che condivide il suo nome con la capitale della Catalogna. Realizzai un'opera a Barcellona Pozzo di Gotto, dove mi venne chiesto di dare ai siciliani un segnale di speranza per il futuro. Non potei perciò non ripensare ai catalani che venivano in Sicilia a portare i loro traffici commerciali, attraversando il Mediterraneo alzando le insegne dello scambio, della grazia, dell'integrazione. Allora ho immaginato la rotta dei catalani come una via che i siciliani dovessero seguire lungo lo stesso mare: volgendo in positivo quanto ci fosse di problematico in quegli anni, in fatto di assistenzialismo e di regressione. E ho trovato nei comportamenti delle formiche, così laboriose e operose, l'esempio cui ispirare l'iniziativa di rinascita dei siciliani, affinché sciamino come formiche nel Mediterraneo uscendo dal loro stato di insularità e confinamento per rendersi, come i mercanti catalani, portatori di conoscenza e di saperi e, come le formiche, artefici di strutture organizzate. Onestamente non so se, ai siciliani, sia giunta la mia riflessione. Forse perché le formiche hanno bisogno del loro tempo» (alza il sopracciglio e sospira).

Emilio Isgrò si chiude improvvisamente in un silenzio impenetrabile. Fruga fra i ricordi, li mette in fila, ne estrae un altro quando giunge nell'ampia sala rotonda che accoglie i quindici pianoforti dell'opera *Chopin*, allestita la prima volta alla fine degli anni Settanta alla Rotonda della Besana di Milano.

«Il pubblico entrava e si faceva il segno della croce, perché avevo dato allo spazio una dimensione sacrale, nonostante le partiture fossero a volte dileggianti, persino un po' triviali, visto che il lavoro era dedicato alla storia d'amore *bohémienne* fra Frédéric Chopin e George Sand, scrittrice nota e donna coraggiosa che sfoggiava un nome da uomo (si chiamava Aurore Dupin) per dichiarare la sua emancipazione.»

Dalla penombra emergono in semicerchio i pianoforti e gli spartiti illuminati e punteggiati di note in libertà che sembrano sussurri nel buio.

«Franco Parenti capiva questa mia sotterranea vocazione teatrale e quando vide l'opera disse: "Perché non fai un testo per me?". "Non ho mai fatto teatro." "Ma questo è teatro!"»

Isgrò esce dalla stanza e torna nel chiostro dove una copia del ritratto di Alessandro Manzoni, dipinto da Francesco Hayez, il padre del celebre *Bacio*, è sbianchettata come un compito in classe, seguito da trentacinque volumi de *I promessi sposi* che, tagliati in vari passaggi, creano nuovi brani.

Dalla soglia di uno di quegli usci, veniva e traspariva.

Il giornalista si ferma perplesso davanti a un collage che recita come titolo *Particolare di Sartre ingrandito 8013 volte* e mostra un dettaglio infinitesimale del volto del filosofo francese.

«Ingrandire per cancellare?» intuisce il giornalista.

«Una cosa più la si ingrandisce, più la si cancella» conferma Isgrò. «Oggi è urgente fare diventare grandi le piccole cose, e non piccole le grandi cose.»

Camminano insieme verso la statua del Discobolo di Mirone che ha perso un braccio. Le formiche di Isgrò si arrampicano sul suo corpo, mentre la mano che regge il disco è finita per terra, qualche metro più avanti.

«Troppa forza?» ironizza il giornalista.

«Un eccesso di forza equivale a un eccesso di violenza, individuale o collettiva. Il discorso non è diverso dal dettaglio ingigantito di Sartre. È il gioco dei paradossi, principio elementare della logica. Meno si spende in energie inutili e più si spende per la conoscenza approfondita della realtà.»

Un rumore di lancette dalla sala accanto li raggiunge.

Venti orologi segnano orari diversi, per cancellare la percezione del tempo. Una luce intermittente acuisce il senso di attesa.

«Presentai quest'opera nel 1986 al Museo Civico Archeologico di Bologna. Si intitola *L'ora italiana* ed era ispirata al tragico attentato neofascista alla Stazione centrale di Bologna di qualche anno prima. Il famoso orologio sopravvissuto alla tragedia si moltiplicò nel mio lavoro sospendendo il tempo nell'inutilità di calcolarlo. Alla vernice della mostra una giovane donna piangeva in un angolo.»

«L'arte racconta la vita» dice il giornalista e sospira.

«Nessuna sperimentazione è legittima se non è saldata sulle radici del mondo» dice Isgrò e ripiomba nel silenzio.

Passa qualche minuto e il giornalista torna a interrogarlo.

«Mi scusi, Maestro, ogni autore dovrebbe essere testimone del proprio tempo. Lei lo è stato, ma questo non è sempre stato capito.»

«Sono passati anni da quando, nel 1964, prima timidamente e poi con maggiore determinazione, ho affiancato alla mia attività di poeta e di giornalista quella di artista visivo. Delle mie mostre all'epoca già si discuteva, se ne parlava, un po' per curiosità e un po' per polemica. Ma il mio essere fuori del sistema, il non aver aderito ai vari gruppi, ai cenacoli, ai manifesti, si ritorse contro di me. I colleghi del movimento dell'Arte Povera mi tenevano a distanza, facevano di tutto per ricacciarmi in quarta o in quinta fila. Mi scocciava, non per arroganza, ma perché così non potevo farmi ascoltare. Dalla poesia visiva mi allontanai io stesso e guardavo al concettuale come a una tendenza arida rispetto al mio bisogno di metterci sempre il cuore. La letteratura mi ha salvato, ma la mia fama di intellettuale a tutto tondo mi nuoceva per quella solita difficoltà che tutti riscontravano nell'incasellarmi. Fu merito di Marco Bazzini, direttore del Centro Luigi Pecci di Prato, se finalmente uscii dal limbo, perché decise coraggiosamente di dedicare nel 2008 tutte le sale del suo museo a una mia antologica, curandola con Bonito Oliva, col quale nel frattempo le relazioni s'erano distese. Era cambiato qualcosa nell'aria e lo capii anche dall'invito in Vaticano, per un ricevimento nella Cappella Sistina dove Papa Ratzinger e il cardinale Gianfranco Ravasi incontrarono trecento artisti, fra pittori, scrittori e musicisti. C'erano Arnaldo Pomodoro e Vittorio Gregotti, l'americano Bill Viola, l'architetto Mario Botta e il cattolicissimo Nicola De Maria, tutti schierati ai piedi del *Giudizio* di Michelangelo. Da quel momento in avanti le cose andarono meglio. Nel 2010, per le celebrazioni dei centocinquant'anni dallo sbarco dei Mille, la città di Marsala organizzò, al Convento del Carmine, la mia mostra *Disobbedisco. Sbarco a Marsala e altre Sicilie* dove io, travestito da Garibaldi, recitai un testo sul valore del dissenso nella società democratica. Fu allora che, credo, cominciarono a chiamarmi Maestro (con la maiuscola, immagino). L'anno prima, nel 2009, era morto mio padre, che si spense centenario a Barcellona lasciandomi un vecchio frigorifero arrugginito pieno delle sue musiche, quelle che lui stesso aveva composto quando partì per cercare lavoro al Nord e andò a suonare nell'orchestra del Knie, il circo nazionale svizzero. Ancora oggi ricevo i diritti d'autore per un suo valzer tirolese.»

In una nicchia dal soffitto a botte è collocata un'opera diversa. Un grande quadro bianco e nero dove la pittura è cancellatura.

«Cinquant'anni fa, nell'oratorio di San Lorenzo a Palermo fu trafugata la *Natività* di Caravaggio, rubata dalla mafia che la sottrasse al cuore della città consegnandola all'albo dei capolavori rubati più celebri al mondo. Mai come in questo caso una mia cancellatura ha resuscitato un ricordo. E lo ha tenuto vivo. Ecco allora lo sguardo struggente di Maria. L'ala di un angelo. Le mani giunte di san Francesco. Quel che resta di Caravaggio l'ho incorniciato io per riportare alla memoria ciò che accadde in quella notte piovosa e nefasta del 1969, quando l'altare fu violato e rimase per sempre orfano di un capolavoro finito poi nella *Top Ten Art Crimes* stilata dall'Fbi.»

«Non ha avuto timore di misurarsi con Caravaggio?» lo provoca il giornalista.

«Non volevo certo innescare un confronto con il genio. Non sono così presuntuoso. Volevo un'immagine che accentuasse il vuoto dell'assenza. Ho cancellato un fantasma. Nella sagrestia era ancora custodita la cornice originale coi brandelli di tela feriti dal coltello di quella banda di criminali che ha arrotolato Caravaggio dentro a un tappeto per portarselo via. Immerse in una luce accecante, le figure ora riaffiorano dal buio e riacquistano la loro presenza assoluta. Ogni frammento è il relitto di una memoria cui rendere giustizia, salvandolo. Quello che scompare ci interroga sulla sua perdita. I nostri spettri ci tornano sempre a trovare. Così pure Caravaggio coi suoi santi.»

«Lei ha sempre cancellato parole. Qui, come per il ritratto di Manzoni, è passato a una immagine?» chiede lumi il giornalista.

«È una parte poco vista del mio lavoro che sto approfondendo. L'ho fatto anche con lo *Sposalizio della Vergine* di Raffaello, un'opera ancora inedita. È una nuova dimensione del cancellare che sottolinea gesti, volti, identità. Nelle mie prime opere lo feci con Jackie Kennedy piegata sul corpo del marito durante l'attentato. Tracciai una sola freccia nello spazio vuoto che esaltava tutto il peso di una figura sottratta alla storia.»

A proposito di libri, in una teca poco distante, è aperto il *De vulgari eloquentia* di Dante. Cancellato, ovviamente.

«Dante fu un estimatore del siciliano, tanto da sostenere che la lingua più adatta alla composizione poetica fosse proprio il volgare illustre siciliano. Peccato che i copisti toscani dell'epoca toscanizzassero tutte le nostre liriche. Fu una prima forma di cancellatura in fondo.»

«Però Dante non approdò mai in Sicilia» sorride il giornalista.

«Però sapeva tante cose di Federico di Svevia, di Costanza d'Altavilla, grazie ai suoi studi sul volgare siciliano intuì l'unità linguistica dell'Italia e presagì la cultura cosmopolita del Rinascimento. Chi vede oggi l'Italia divisa non ha letto abbastanza libri, altrimenti saprebbe che non è tempo per territorialismi e regionalismi. Dante ci insegna come poesia e arte rappresentino la più alta forma di politica possibile; e io voglio pensare che l'arte abbia ancora la capacità di tenerci vicini nella notte.»

Alla fine del percorso sfilano le opere per le quali Isgrò è diventato universalmente noto: *La Costituzione cancellata* del 2010 ed esposta alla Galleria d'arte moderna di Roma nel 2013 e la *Cancellazione del debito pubblico* del 2011 commissionata dall'Università Bocconi.

«Per la Costituzione non ho adottato alcun tono provocatorio; non ho mai voluto cancellare il nostro patto civile, tanto più in un momento difficile per il Paese. Volevo, al contrario, segnalare il rischio che tale patto fosse cancellato da altri. La *Cancellazione del debito pubblico* in Bocconi è stata invece frutto di un gesto di disperazione; era un progetto pensato per gli studenti dell'ateneo. Studiai decine di ipotesi, fino a quando me ne uscii con una battuta: "Ma sì, cancellerò il debito pubblico!". Severino Salvemini, responsabile dell'operazione con lo sponsor Andrea Manzitti, informò subito Mario Monti, all'epoca presidente della Bocconi, che volle presenziare all'inaugurazione, credo per esorcizzare il debito, e anche un po' per scaramanzia, vista la sua nomina in arrivo a presidente del Consiglio.»

«Caro Maestro, ma lei, quando guarda il mondo, lo vede cancellato?» chiede il giornalista posando la matita.

«Guai se non sapessimo cancellare ciò che non ci aiuta a vedere. E io lo faccio da molto tempo ormai.»

«Il prossimo libro nel cassetto da cancellare?»

«Ho un debito con Dino Buzzati che un giorno del 1969 entrò in galleria con una copia del suo conturbante *Poema a fumetti* fresco di stampa e me lo regalò con dedica: *A Emilio Isgrò affinché mi cancelli.*»

Con le donne non ci so fare.

Da ragazzo ci si innamora sempre della compagna di scuola. Ci sono passato anche io. Una volta feci una dichiarazione d'amore a una amica che era in quarta ginnasio. Era più piccola di me di un anno e io feci di tutto, con grande stupore dei miei genitori e dei professori, per perdere l'anno pur di aspettarla e finire in classe con lei. Persi un anno per amore. Che, poi, in realtà, avendone saltato uno alle elementari, mi servì solo per mettermi in pari. Ma il sacrificio non fu premiato perché, quando le confessai ciò che provavo, lei mi rispose in francese.

«*Oublie ça.*»

«E che vuol dire? Sarebbe un no?» le domandai io sgranando gli occhi.

Se me lo avesse detto in italiano, sarebbe stato più

chiaro. Così, io continuai a sperare, perché sono un ottimista. Con le donne non ho mai perso la speranza. Neppure con gli uomini, in generale. Sono fiducioso per natura. Non significa che sia uno che vede la vita in rosa, uno di quelli che la gente chiama «anime belle», non per dire che sono belle dentro, ma ingenue. Se qualcuno mi chiamava in questo modo mi seccavo. Chi di speranza vive, di speranza muore. Io, invece, ho vissuto più di fiducia che di speranza, diciamo così. Prendiamo il mondo dell'arte, che è veramente crudele e non ha scrupoli; be', se lo affronti di petto non combini niente, devi trovare un tuo spazio emotivo e creativo e avere fiducia nelle tue capacità. In ogni caso, da quella prima esperienza giovanile fallimentare, mi salvò il fatto di non sapere il francese. Ancora adesso non sono sicuro di aver capito bene. Meglio così, altrimenti cadevo in depressione.

Io l'avevo sposata perché varia,
fatta di lampi d'aria e di bellezza.
Io l'avevo cercata perché muta,
come la figlia nuda della rondine.

La fama di seduttore mi diverte, è chiaro. Ma nel concreto ero impacciato e la mia non è mai stata una tecnica per intenerire le donne; ero naturalmente timido. Così timido che, nelle situazioni aggressive, mi difendevano loro, come quella volta che una signora mi rubò un quadro, un'opera abbastanza importante, e Scilla le scrisse una lettera di fuoco: «Lei si approfitta della timidezza di mio marito». Le donne vedono il mio disagio e scatta un istinto materno. Poi, volente o nolente, c'è un momento in cui la timidezza la supero, pur restando piuttosto riservato nei rapporti umani. Si spiega con l'essere siciliano. I siciliani vivono in bilico fra l'orgoglio e la riservatezza; non si capisce mai dove sia il limite. «Non chiedere per orgoglio» recita il motto. In sottotraccia, regna il sospetto che, chiedendo, non ti daranno. L'ho capito con la mia arte, per questo non ho chiesto mai niente a nessuno. Faccio questo lavoro e devo difenderne la dignità, con le mie forze e la mia fiducia.

Io purtroppo non mi sentivo bello, non ho puntato su questo, sebbene in età matura abbia capito che potevo piacere lo stesso, pur carente nel mestiere della seduzione. Lucio Fontana, lui sì che era un vero seduttore, era un *hidalgo* dentro i suoi vestiti lamé. Non ho mai visto, giuro, un uomo così maschio e così elegante. Alle donne piaceva da morire. Piero Manzoni si circondava di belle donne, come certe maggiorate del Teatro Smeraldo, convocate come comparse per le performance che Piero faceva nel suo sottoscala di via Clerici, dove chiedeva loro di gonfiare insieme a lui i palloncini di gomma, confezioni ideali per il suo *Fiato d'artista*.

Una sera, a un ricevimento a casa dell'astrologa e collezionista Violetta Besesti, si presentò ubriaco, scortato pietosamente da tre fanciulle, due scandinave e una tedesca di nome Brigitte, che era arrivata a Brera dall'accademia di belle arti di Karlsruhe. Avevo ventitré anni e Brigitte, di lì a pochi mesi, sarebbe diventata mia moglie e mi avrebbe seguito a Venezia negli anni del «Gazzettino». Manzoni, invece, stava con Nanda Vigo e io frequentavo casa loro quando si inseguivano con le forbici. Lui lavorava alla sua celeberrima *Merda d'artista*, che nessuno prendeva sul serio e, lo confesso, nemmeno io. Non perché fosse assurdo, ma per il retrogusto dadaista che mi pareva avesse questa scelta di un brandello di vita vera eletta a forma d'arte. Solo dopo, vedendo i cosiddetti «borghesi» che ridacchiavano con volgare superiorità davanti alle sue sperimentazioni, capii quanto Piero fosse infelice e come nessuno avesse compreso che la sua ricerca stava aprendo la strada alle teorie della futura arte concettuale. Un concettuale dal volto umano, fatto di dolore e di angoscia. Purtroppo, due anni dopo l'intuizione sconcertante delle sue *Merde* in scatola, allegoria pungente dei falsi miti della società di massa e dei suoi scarti, Manzoni scomparve tragicamente, senza potere assistere al picco di discussione, polemica e consacrazione del suo lavoro, comprese le propaggini altrettanto celeberrime delle uova sode con la sua impronta digitale impressa sul guscio e destinate alle fauci di acquirenti bramosi di nutrirsi d'arte e di spendere chissà quale cifra per comprare qualcosa di effimero. Geniale preveggenza. Dieci anni dopo la produzione della prima *Merda d'artista*, Palma Bucarelli, storica direttrice della Galleria Nazionale di Roma, finì al centro di una interrogazione parlamentare per aver esposto i gingilli organici di Piero investendo soldi pubblici nell'organizzazione di una mostra giudicata biasimevole. Il processo si chiuse senza feriti, ma con un salto di notorietà che elevò la *Merda* nell'empireo dei capolavori, oggi in asta per cifre astronomiche.

Nanda Vigo non fu certo di minor valore. Artista, designer, architetto e donna bellissima rappresentò, negli anni Sessanta, un motore culturale importante nella Milano delle neoavanguardie, lavorando gomito a gomito con gli stessi Fontana e Manzoni e soprattutto con Gio Ponti che era uno straordinario architetto, anche se tutti i colleghi, frustrati dal suo successo, dicevano fosse un cane. Un architetto grande e generoso umanamente. Ma lo denigravano per pura invidia, perché non avrebbero avuto altro motivo per farlo.

Uscito presto di casa e partito imberbe dalla Sicilia verso Nord, mi accasai subito con la *Frau* tedesca che Manzoni mi aveva presentato e che, nello stuolo delle donne un po' matte di cui lui si circondava, era l'unica silenziosa e saggia; perciò mi aveva colpito. E con lei rimasi, appiccicandomi con quella dedizione monogama che la natura mi ha dato.

E pure la caduta della grandine
sul nido illuminato della notte
passò tra i suoi capelli con l'ebrezza
leggera dell'autunno che ritorna.

Con le donne dell'avanguardia non ho avuto mai buon gioco, avevo più fortuna con le reazionarie, quelle che amavano la casa e la famiglia. E, comunque fosse, il mio approccio era sempre timoroso. Con Scilla, ebbi così paura di commettere passi falsi da non mostrarle neppure la grande attrazione che provai sin dal primo istante. Mi era stata presentata, nel giardino dell'Hotel Diana, in Porta Venezia, dall'amico collezionista Gianni Aglietti, convinto che fra me e lei potesse scattare qualcosa, visto che entrambi eravamo scompagnati. Mi colpì subito la sua intelligenza riflessiva ma concreta. Era così diversa da me; volitiva e impetuosa. Arrivati tardi alla festa, dedicata a un mondanissimo premio di fotografia, non trovammo un tavolo per sederci e, guardandoci attorno, ci accorgemmo di un'alta scalinata deserta da cui la vista sarebbe stata garantita come in prima fila. Andammo a sederci complici sul gradino più alto, come i portoghesi allo stadio, ma tempo pochi minuti tutta la rampa fu invasa da uomini in smoking e dalle loro compagne in lungo.

Scilla Velati era corteggiatissima ed era così bella che mi guardai bene dal farle la corte. Conoscendo la mia ansia, temevo di vederla scappare prima ancora di cominciare. Dopo la rottura del matrimonio con Brigitte non avevo avuto relazioni stabili e, ora che sentivo di avere incontrato la persona giusta, non volevo perderla per nessuna ragione. Le avevo promesso di chiamarla il giorno seguente, ma non lo feci. Chiamò lei, offesissima. Era una indossatrice famosa, la si vedeva nei caroselli, e in seguito avrebbe fatto la giornalista per prestigiose riviste di moda e di arredamento. Si aspettava, ovviamente, che io la rincorressi, ma la mia defezione era dovuta soltanto alla paura di mostrarmi goffo e di non essere alla sua altezza. Le piacqui, forse, proprio per questa timidezza.

La prima cosa di cui si occupò, stando insieme, fu di migliorare il mio guardaroba; mi vestì con uno stile che non mi facesse sfigurare. Devo ammettere che fu necessario per la mia ascesa civile e sociale. Penso da sempre che sia più importante il monaco dell'abito, ma in quella circostanza credo che una aggiustatina ci volesse. Scilla ha, come me, la vocazione religiosa al salvataggio. Io l'ho fatto con le parole. Lei con le mie opere che infatti recuperò dai magazzini pieni di polvere e sporcizia, nelle cantine dove le avevo accatastate e che lei rimise in ordine. Oggi, la Treccani non esisterebbe se Scilla non l'avesse salvata e pulita. Quando venne a vivere con me, rinunciò alle sue abitudini borghesi, alla bella casa che aveva in via Pagano, accettando di seguirmi, di lavorare al mio fianco e di restarci, granitica, anche nei momenti difficili, nei periodi in cui i mercanti non investivano nella mia opera e il pubblico tardava a riconoscermi come un artista promettente. Accettando di sacrificare la sua carriera di giornalista, si dedicò a me, lasciandomi la serenità di studiare e progettare in assoluta libertà, senza l'ansia del quotidiano.

Non nascondo che ci furono tempi duri. Ma, come ho detto, ero fiducioso e, ancora adesso, penso che i risultati di un artista si vedano alla fine; il più tardi possibile. Dunque, aspetto.

Ieri l'amai per la bellezza morbida.
Le diedi la mia vita con un vortice
di parole difficili da intendere

per la sposa celeste e la sua ombra
raggelante sparita sul sentiero.

Forse, a un certo punto del mio percorso, ho sognato di raggiungere un consenso importante, come quello dei grandi nomi. Ma il rischio me lo sono assunto da solo, con spirito quasi da imprenditore. E con pochi compromessi. Non volevo correre il pericolo di venire stritolato da certi meccanismi economici; uscivo da una famiglia di gente libera e Scilla lo capì. Quando feci le prime cancellature non pensavo ci volessero sessant'anni per farmi capire. Ho frainteso le regole del successo. Nel 2019 Germano Celant, che mi aveva spesso messo da parte, fece una delle sue (e mie) mostre più belle, allestita alla Fondazione Cini di Venezia. Il successo che già era nell'aria si stava consolidando. Pensai allora di realizzare un testo che scorresse lungo tutte le pareti dello spazio, come un nastro per abbracciare le altre opere. Scelsi le parole di *Moby Dick*, così da sottintendere un transito fantastico nella pancia del cetaceo; l'opera cancellata di Melville conteneva tutto il percorso e accompagnava il visitatore nel ventre della balena, ovvero il ventre del linguaggio mediatico che copre, con il rumore, il proprio reale e disperante silenzio.

E il successo arrivò. C'è voluta una vita, ma arrivò.

Ora me lo godo lavorando e scrivendo poesie d'amore. A ben vedere, tutta la mia opera è dedicata all'amore. E agli amori, di natura diversa. Anche per una città come Scicli, per esempio, per la quale ho scritto un sonetto intitolato *Ti amo*. Tanti mi chiedono se, nell'immenso bacino della letteratura romantica, io abbia cancellato versi come quelli di Paolo e Francesca. Rispondo che un brano più è potente più è difficile da cancellare. Cancellando il capitolo dedicato alla monaca di Monza, ne *I promessi sposi*, ho lasciato solo «la sventurata rispose», annegato in un mare di cancellature. Forse ho frainteso l'amore. Ma questo penso: l'amore è quella forza umana che annega completamente nell'esistenza, senza naufragare.

Basta farsi capire da una donna
e ti capisce l'universo intero.

Perché in teatro, all'improvviso, certe scene sono tagliate di netto? Perché non si sa come andare avanti. Funziona bene anche nel cinema, se ci pensi.

In tutta l'arte che si rispetti, quando l'artista non sa più come sbrogliarsi, taglia la scena, crea la suspense. Il romanzo giallo è ben nato così.

Io l'ho fatto nel mio lavoro: quando non sapevo cosa scrivere, cancellavo; quando non sapevo come dipingere, cancellavo. Trasformare un gesto in un altro, modificare il linguaggio con una virata imprevista è pur sempre una forma di taglio.

Un bravo drammaturgo deve saper cancellare le cose mentre le scrive. Se tu descrivi minuziosamente quello che accadrà in scena, non lasci spazio né all'attore né al regista di metterci del proprio. Il testo teatrale deve essere incompleto; gli deve mancare qualcosa, come l'opera d'arte aperta; se il pubblico non può entrare nelle cose che reciti, che scrivi o che dipingi, è meglio non cominciare affatto. Però, allo stesso tempo, devi impedire al pubblico di illudersi che l'ingresso sia facile. Il pubblico deve fare un po' di fatica: la fatica di entrare per comprendere meglio.

Pensiamo a Shakespeare e alle ultime parole che mette in bocca ad Amleto: «Il resto è silenzio».

Cosa vuol dire? Boh. Il bravo attore lo reciterà lasciando sospesa la frase e concedendo spazio allo spettatore per entrarci dentro anima e corpo. Così, il bravo attore porgerà amabilmente lo spazio e il respiro al suo pubblico.

> Oh, io muoio, Orazio. Il potente veleno trionfa sui miei spiriti... né tanta vita pur mi rimane da poter udire le nuove d'Inghilterra. Ma prevedo che l'elezione cadrà su Fortebraccio... egli ha il mio voto moribondo... diglielo, e raccontagli i casi, piccoli e grandi, che qui mi hanno condotto...*

Eccolo qui il colpo di teatro. Tempestato di puntini di sospensione.

Tutta la mia arte è stata, in fondo, un colpo di teatro, un colpo di scena. Si dice che, nel corso del No-

* William Shakespeare, *Amleto*, traduzione di Corrado Pavolini, Bur, Milano 1951.

vecento, si sia teorizzata la teatralizzazione delle arti. Ma, secondo me, c'era già al tempo di Fidia. Cos'è lo svelamento di una figura nel marmo se non un colpo di teatro? Michelangelo lo sapeva bene quando mostrò a Papa Sisto IV la Sistina. E pure Bernini con la sua *Estasi della beata Ludovica Albertoni*, nella chiesa di San Francesco a Ripa, a Roma, che è ancora più teatrale della celebre estasi di santa Teresa; proprio perché laggiù, a Trastevere, nel silenzio di una cappella francescana, nessuno se l'aspetta. Schopenhauer diceva che tutte le arti tendono alla musica. Noi possiamo dire che tutte le arti tendono al teatro.

Io sono finito nel teatro perché avevo fatto la grande installazione con i pianoforti intitolata *Chopin*, dove avevo catturato persino l'attenzione del mio amico Franco Parenti. Non ho mai realizzato però installazioni nel modo cui era abituato Jannis Kounellis: costruivo i singoli elementi quasi fossero attori posizionati sulla scena. Preferivo concentrarmi sulla forma totale, sull'insieme, ispirandomi all'idea di un coro o al golfo mistico dell'orchestra, prima che lo spettacolo avesse inizio. L'arte, a ben vedere, è una sinestesia. Una contaminazione di sensi nella percezione del tutto.

Quando al Museo di Santa Giulia a Brescia ho installato nel 2022, in mezzo al prato del chiostro, *L'armonium delle allodole impazzite,* ho cucito la scultura e la partitura: attorno a una ziqqurat di tastiere ho liberato il canto degli uccelli per evocare le note della *Casta Diva*, dalla *Norma* di Vincenzo Bellini, la celebre supplica che la sacerdotessa gallica volge alla Luna, scongiurandola di liberare i galli dal giogo romano, in uno dei brani più toccanti e tragici della tradizione lirica italiana. Sullo sfondo di un complesso monumentale immerso tra le rovine dell'antica Brixia, ho creato un crocevia di narrazioni dove la civiltà latina incontrava la musica di un melodramma ambientato proprio nelle terre dei druidi. Il suono che si propagava nell'aria dava corpo a tutta la drammaturgia. In quel caso ho plasmato la materia-suono, così come ho sempre plasmato le parole e il segno.

Luigi Nono, nel suo leggendario *Prometeo* del 1984, coi musicisti disposti in uno spazio scenico distillato a più livelli (progettato all'epoca da Renzo Piano), ha insegnato al mondo come tornire la dimensione spaziale del suono, la sua propagazione nel vuoto, in grado di definire coordinate invisibili: uno spazio musicale percorribile, abitabile.

Per il mio lavoro mi sono ispirato spesso a questa stessa dimensione abitabile e pure performativa. Lo stesso libro cancellato non si pone mai con la presunta e sofisticata rarefazione tipica dell'arte concettuale, come l'esito di un pensiero restituito in immagine.

Ma è, a sua volta, un colpo di teatro. Tu cerchi un libro e lo trovi cancellato. Non puoi leggerlo, se non tra le righe. Si tratta di teatro, percezione, partecipazione, messa in scena, inganno. Anche l'irruzione violenta delle api nel Capitolium di Brescia, raggrumate come matasse sibilanti sulle epigrafi romane cancellate dal nero pesto del loro sciamare, era una invenzione scenica imprevista e sconvolgente.

In passato, ho tanto desiderato che il pubblico entrasse nel mio lavoro da indicargli l'ingresso in platea, affinché si mettesse seduto ad assistere alla rappresentazione. Per questo diedi un calcio al mondo letterario; perché mi accorsi che le sperimentazioni in musica, nel teatro e nell'arte erano più coraggiose e potenti di quelle dei poeti, che ripiegavano invece su se stessi e abbracciavano una retorica accademica.

Dalle mie prime esperienze verbovisive, dagli esperimenti di scrittura mista e, soprattutto, dalla complessità dei livelli che misi in gioco per la lettura dell'opera d'arte, nacque la mia necessità di misurarmi davvero con la drammaturgia.

Dopo *Chopin* alla Rotonda della Besana, Parenti mi chiese più di una volta di scrivere qualcosa per lui. L'allora sindaco di Milano Carlo Tognoli tentò di convincermi; mi invogliavano, ma avevo paura di affrontare il teatro, pensavo di non essere ancora maturo, perché io non sono un avventuriero scriteriato, pondero sempre le mie capacità del momento. Ho dovuto imparare tutto, ho studiato, non volevo fare la parte del poeta che dipinge o del pittore che scrive; mi sembrava penoso. Poi, con Gibellina, ho accettato la sfida ed è stata un'esperienza straordinaria.

Nel 1980 venni contattato dal Comune di Gibellina che voleva affidarmi il progetto e la composizione di un'*Orestea* ispirata alla trilogia di Eschilo, per celebrare la rifondazione della vecchia città distrutta nel 1968 dal terremoto del Belice. Se ne parlava già da un anno. C'erano stati alcuni colloqui preliminari; il sindaco Ludovico Corrao era deciso in un primo momento a portare in scena un *Edipo*, ma poi ci sembrò poco adatto per sposare l'idea di una città che doveva risorgere dalle sue ceneri. Quando ricevetti l'incarico ufficiale, partii per Palermo con le tasche già piene di appunti.

Volevo fortemente scrivere un testo per il terremoto. Avevo tutto il paesaggio davanti agli occhi e scelsi, senza pensarci due volte, di lasciare al terremoto la parte principale della scenografia. Dovevano essere le macerie a determinare lo spazio. L'arredo scenico non mi interessava. Volevo che tutto il dramma calasse nel cuore smosso della terra. Era quella l'unica e vera scena dove gli attori avrebbero dovuto muoversi, ma volevo, allo stesso tempo, che lo spazio fosse determinato dal testo, dalla scrittura, dalle parole.

Siccome non sopportavo il teatro allora di moda – quello dei critici più allineati con la retorica peggiore delle avanguardie –, tentai un teatro dove il testo fosse l'asse portante dello spettacolo. L'*Orestea* fu concepita, infatti, come naturale compimento teatrale delle mie teorie sulla poesia visiva. Con sperimentazioni linguistiche, ibridazioni e colpi di scena verbali. Ecco allora il nunzio, che nell'antica tragedia greca è incarnato da un bellissimo efebo giunto dal mare, trasformato in un ambasciatore pingue, uscito da un cumulo di detriti, un ambasciatore di morte. L'arciprete di Gibellina doveva introdurlo con parole gravi: «E tu chi sei? E tu da dove vieni / che parli così forte nelle tenebre?». E quell'altro, con accento solenne siciliano, rispondeva: «Sono l'ambasciatore delle Ombre, / plenipotenziario del sangue e della morte». Ricordo che Marcello Perracchio, attore favoloso, si ergeva in mezzo ai calcinacci come una statua. Poi irrompeva la meravigliosa Francesca Benedetti nei panni di Clitennestra, una tra le donne più malefiche del mondo greco che, dopo aver assassinato il marito Agamennone, spingeva l'arciprete Ingòglia a domandare: «Ma è vivo o morto il nostro eccelso sire?». E l'ambasciatore contadino le rispondeva: «No comment» in inglese! Mentre Anna Nogara urlava stupendamente le sue terribili profezie.

Non amavo il teatro in voga, tutto gestuale e visivo; e certamente non era mia intenzione allinearmi alle tendenze del momento. Scrissi la maggior parte del testo in dialetto, spacciando il mio dialetto per la lingua di Federico II di Svevia, siciliano misto di altre inflessioni vernacolari, un po' pugliesi un po' napoletane e anche inglesi, appunto, siglando un'operazione d'avanguardia, ma senza dichiararlo. Era altamente sperimentale e lo capiva pure un cretino.

Per me l'avanguardia non era arte da museo, come teorizzava, da perfetto accademico, Edoardo Sanguineti; cercai di dimostrarlo, soprattutto a me stesso, formulando un concetto di teatro diverso, che mescolava il cervello alle viscere, al fine di compiere uno di quei miracoli concessi soltanto agli artisti. Trattare il ghiaccio come fosse fuoco, accostarsi al teorema di Pitagora con la stessa commozione con la quale si legge *L'idiota* di Dostoevskij.

La sera della prima, il 3 giugno 1983, soffiava un vento furioso da tutti i fronti e da tutti i buchi dell'universo. Entrava nei microfoni e si amplificava in un boato, tanto da conferire all'*Agamènnuni*, prima parte della trilogia, un tono infernale che sarebbe stato più adatto al *Macbeth* di Verdi. Quel ventaccio sembrava calato a mia richiesta fra le rovine e le ortiche che avevo lasciato incolte. Un ospite americano, impressionato da tutto quel frastuono e dal fischio degli altoparlanti che funzionavano male, esaltando a loro volta l'effetto indiavolato della serata, continuava a chiedermi come fossimo riusciti a creare un'ambientazione così realistica che neppure a Broadway erano in grado di mettere in piedi. Non posso dimenticare le poderose macchine sceniche di Arnaldo Pomodoro, le raffinate musiche di Francesco Pennisi, l'innovativa regia di Filippo Crivelli che io, in quanto autore, avevo preferito proprio perché, essendo lui un regista abituato all'opera lirica, era avvezzo a dialogare col grande pubblico.

In mezzo al pubblico c'erano uomini di teatro e registi venuti da mezza Europa. Peter Stein avrebbe a sua volta riallestito, negli anni Novanta, l'*Orestea* di Eschilo in lingua russa a Mosca abolendo la scena e mescolando il coro con gli spettatori seduti a terra e sulla scalinata del Teatro dell'Armata Rossa. Klaus Michael Grüber, formatosi alla scuola di teatro di Stoccarda, era stato assistente di Giorgio Strehler al Piccolo Teatro di Milano. Accanto a loro, stavano seduti alcuni magistrati antimafia che avevano abbandonato i loro uffici palermitani per correre ad assistere alle repliche che si prostrassero per tre estati consecutive. Alla fine, l'ultimo anno, fu ricomposta la *Trilogia siciliana* tutta insieme. Il significato politico e sociale di quel lavoro non sfuggì a nessuno, neppure ai contadini della nuova Gibellina assiepati tra i massi. In prima fila, Inge Feltrinelli indossava nel vento gelato della notte un poncho coloratissimo ricevuto in dono da Isabel Allende.

In realtà, il debutto del teatro di Gibellina era già avvenuto l'anno prima con *Gibella del Martirio*, nel gennaio 1982; e ricordo come fosse ieri il caro Giulio Ippolito, oggi vicepresidente della Fondazione Orestiadi, aggirarsi per il teatro con una calma sublime. Fu allora che Ciaccio Montalto, il coraggioso quanto mite pubblico ministero di Trapani, venne a congratularsi con me: purtroppo, non riuscì mai a vedere la trilogia dell'*Orestea*, perché fu assassinato dalla mafia il 25 gennaio 1983.

Più di ogni altra cosa mi sorprese l'entusiasmo di Antonio Pasqualino, studioso di antropologia e semiotica, che dedicò mille saggi al tema delle marionette siciliane e all'Opera dei Pupi e che, ogni volta che il «mio» Agamennone apriva bocca sulla scena, mi sussurrava all'orecchio: «Sei riuscito a dargli la voce dei pupari di Mimmo Cuticchio».

All'indomani della rappresentazione, la critica si espresse entusiasta. Da Roberto De Monticelli al critico teatrale Franco Quadri, furono tutti positivi; anche Tommaso Chiaretti su «la Repubblica» sottolineò la portata dello spettacolo. Purtroppo Ludovico Corrao coltivava il sogno di avere l'americano Bob

Wilson a Gibellina, diventato famoso in tutto il mondo con la sua opera del 1976, *Einstein on the Beach*, firmata insieme al compositore Philip Glass. Artisti straordinari, ma più adatti al pubblico di Taormina che a quello di Gibellina.

Dopo alcune stagioni fortunate e brillanti, decisi di lasciare quella terra spazzata via dal terremoto ma che riprese a vivere grazie anche al mio teatro. Me ne andai con grande sollievo di tutti. Insomma, ci lasciammo con uno strappo, a cui non volli dare pubblicità e alcun seguito.

Nessuno mi ha mai sbattuto la porta in faccia. Nella mia vita, le porte, me le sono sbattute in faccia da solo, un po' per masochismo congenito, un po' per difendere la mia libertà di artista.

Penso che la mia uscita di scena suscitò la delusione dei gibellinesi, dei pastori del Belice e dei principi palermitani che venivano felici a guardare gli spettacoli.

Era evidente che Gibellina non poteva essere gestita come Taormina o come il teatro greco di Siracusa. Era tutta un'altra storia. Un altro contesto da narrare e rispettare.

Mi fece sorridere un episodio: un regista russo, a cui il neodirettore Franco Quadri chiese di dirigere uno spettacolo dopo la fine della mia *Orestea*, suggerì di fare arrivare trecento comparse da Mosca, perché aveva necessità di allestire una processione ortodossa che fosse credibile. Alla notizia, indignato, Ludovico Corrao sbottò: «Ma che credibile e credibile, caro Quadri, noi siciliani solo processioni sappiamo fare!».

Quando ci ritrovammo, poco prima della sua morte, e mi raccontò questa storia, Corrao mi confessò di avere nostalgia del nostro rapporto. Nonostante ci fossimo salutati, anni prima, tacitamente, mi chiese il permesso di dare, nel 1992, il nome «Orestiadi» alla Fondazione e al festival internazionale di teatro, in omaggio alla mia *Orestea* inaugurale. E io fui felice di darglielo.

Sono certo che, alla fine, comprese quanta innovazione portammo insieme in quel luogo segnato dal destino dell'esistenza e dalla forza degli elementi naturali, che non aveva alcun bisogno degli effetti speciali dei teatranti alla moda (ora spariti), ma piuttosto di affetti umani in grado di coinvolgere il pubblico.

Io amo molto esibire i miei errori come valori. Mentre c'è chi, a teatro, è convinto che tutto debba essere calcolato e perfetto. Per essere vitali, invece, l'imperfezione è necessaria. Altrimenti il rischio è quello di scadere nella confezione. Noi viviamo in un mondo dove l'arte è prevalentemente ben confezionata. Chi può sbagliare oggi con il computer o l'intelligenza artificiale che sanno fare tutto? Non si sgarra. Ogni cosa è perfetta. Ma glaciale. Bisogna predicare l'errore e l'imperfezione come gli unici valori rimasti, perché è soltanto da questo che si può trarre esperienza. L'intelligenza artificiale perderà, perché non contiene l'amore e il desiderio.

Tornai a Gibellina quasi quarant'anni dopo, nel 2018, chiamato dal regista e produttore Alfio Scuderi, con Vincenzo Pirrotta, attore straordinario, che recitò da solo una riduzione dell'*Agamènnuni*, con una scena che gli preparai io stesso, fatta di parole cancellate da nuvole di api. Nel frattempo, di teatro ne ho fatto parecchio, dalla Scala di Milano al Metastasio di Prato, dove debuttai come attore recitando il ruolo di Curzio Malaparte in un teatro stracolmo di pubblico. Tanto che qualcuno commentò: «Ma Isgrò fa ancora l'artista?». Evidentemente era qualcuno che dimenticava come il teatro sia una delle sette arti. Io questo non l'ho frainteso. Perciò non mi sono mai posto il problema se lasciare la poesia per l'arte o se lasciare l'arte per il teatro. Per me, sono un tutt'uno. Con il teatro ho semplicemente affrontato il problema della parola da un'altra angolazione, esattamente come ho fatto con la pittura. Mi sarebbe piaciuto, negli anni, confrontarmi su questa visione con Giorgio Strehler che però, quando mi incontrò, non mi guardò neppure in faccia. Non ci fu molto *feeling*, perché lui non nutriva alcuna curiosità per gli altri. Era un regista di genio, ma poco interessato al prossimo.

Quando mi chiamarono, in tempi recentissimi, a Pompei, per la settima edizione della rassegna Pompeii Theatrum Mundi, fu portata finalmente in scena l'*Odissea cancellata*, con la regia di Giorgio Sangati. Roberto Andò, direttore del Teatro Nazionale di Napoli, conosceva questo mio testo mai rappresentato e mi sollecitò a tirarlo fuori per il Teatro Romano del Parco Archeologico. Un testo cancellato per un paese cancellato. Ma si sa che in latino due negazioni affermano, tramutando la morte in vita.

Lo spettacolo era progettato come un'opera nell'opera: ho invertito lo spazio scenico, trasformando le gradinate del teatro in una gigantesca video-installazione, mentre i versi dell'*Odissea* impressi sulla pietra dei gradini venivano cancellati poco per volta e prendeva vita il testo. Ho cancellato Omero selezionando pochi frammenti essenziali e restituendo loro una nuova forza. L'idea era già nata all'epoca di Gibellina, quando avevo scritto in realtà il testo, che non sapevo come e quando sarebbe stato rappresentato, anche se Corrao avrebbe voluto produrlo lui. Continuavo a ragionare sul tema della parola umana come perno dello spettacolo. Volevo insistere sulla qualità letteraria del testo, cosa che a molti sembrava un limite per i ritmi naturali del teatro. Come dire che la potenza della parola di Shakespeare sottrae vigore alla scena del fantasma del padre, là dove ne esalta, invece, la forza spettacolare.

Per questo motivo, lavorando all'*Orestea* e agli altri testi composti per Gibellina – *Gibella del Martirio* e *San Rocco legge la lista dei miracoli e degli orrori* –, feci ricorso a una scrittura in versi, che della letterarietà è uno dei segni più ostentati; e se, a quel tempo, schiere di attori sbandieravano sulla scena i loro corpi inutilmente gesticolanti, io a quei corpi tentai di dare una voce affinché la loro fisicità si rovesciasse sugli spettatori come una valanga. L'*Odissea cancellata* di Pompei è stata il frutto di quella esperienza, quando, forte di un'ispirazione che veniva da Eschilo e dai tragici greci in genere, tentai di avvolgere in una nuvola sonora il pubblico. La provocazione stava nella scelta di spezzare, con un linguaggio alto, distante dal «teatro di poesia» novecentesco, il cosiddetto «teatro di prosa» che da Pirandello portava a Beckett.

A suon di sperimentazioni audaci, in quel periodo temetti di esagerare; me lo fece notare Francesca Benedetti. «Ci sono circostanze» sosteneva «in cui bisogna apparire meno intelligenti di quello che si è».

Aveva ragione. Non è il caso di rompere le scatole al mondo con la propria bravura, perché il rischio è quello di allontanarlo. Il mio scopo ultimo era di difendere la cancellatura, che nessun critico difendeva, per farla penetrare lentamente nelle coscienze, perché attorno alla cancellatura avrei poi incardinato il resto, arrivando a toccare tutti i registri e tutti i linguaggi, compreso quello del teatro.

Mi ha molto lusingato che Massimo Bray, direttore della Treccani e presidente della Fondazione La Notte della Taranta, abbia convocato me nel 2024 per rinnovare l'immagine del Festival. Mi disse che voleva dare, attraverso la mia presenza, un segno energico di rinascita alla manifestazione che, non a caso, celebra una vera fusione di linguaggi musicali e teatrali diversi. Ho preso il marchio, che ha per simbolo una tarantola, e l'ho cancellato in vari modi. L'ho fatto pensando proprio a una festa popolare in sé autentica, che tocca la Puglia ma anche tutto il Sud italiano, e nei modi dei «tarantolati» attinge agli strati profondi dell'essere, quelli studiati da Freud e da Jung, che ci obbligano a fare i conti con noi stessi e il nostro passato. Dopo l'irruzione negli anni Sessanta di una cultura puramente visiva, di stampo angloamericano, questo affondo non è stato più possibile, abbiamo perso il contatto con le nostre ombre, ma – dal punto di vista antropologico – la Notte della Taranta ha risvegliato questa natura ctonia, in quanto espressione tradizionale, radicata, inconscia.

Quando da ragazzo seguivo il regista Michele Stylo

in ogni angolo della Sicilia, imparai cosa volesse dire raggiungere col teatro gli strati più oscuri dell'anima. Per simulare la strage delle pecore uccise da Aiace, Michele mi aveva spedito a cercare pelli di pecora appena scuoiate. Durante lo spettacolo, si diffuse un odore di carne putrefatta che dava un tale accento di verità che neppure Stanislavskij ci sarebbe riuscito. Sul finale, era previsto che si accendesse un tripode per i funerali di Aiace, ma il barattolo dell'alcol appoggiato sul trespolo cadde nel fuoco e si innescò un rogo che rischiò di bruciare il palco; la rappresentazione finì mentre tuonava la tromba, con un tramonto sullo sfondo acceso e bellissimo del mare che si confondeva con le fiamme. Al teatro di Barcellona, per il *Trinummus* di Plauto, Stylo fece recitare anche il mio amico avvocato Salvatore Trifirò, grazie al quale, pochi anni fa, ho vinto la causa contro l'ex frontman dei Pink Floyd, Roger Waters, che aveva copiato una mia cancellatura del 1964 per la cover del disco *Is This the Life We Really Want?*

Così la mia cancellatura è passata dalle gallerie d'arte e dal teatro alle aule di un tribunale; e Salvatore Trifirò, da bravo attore quale fu in gioventù, divenne da adulto un celebre principe del foro. Questo dice molto su cosa fosse la Sicilia della mia infanzia, una terra di personalità versatili e imprevedibili, un alveo di creativi audaci, nati dalla polvere e capaci di ritagliarsi un ruolo da eroi. Basti pensare ancora al Futurismo siciliano, che ebbe il suo più illustre rappresentate nel poeta Giacomo Giardina, un pecoraio che Marinetti incoronò d'alloro.

Io, sin da bambino, recitavo in parrocchia o dai Salesiani. Ero un assiduo frequentatore di tutti gli spettacoli che si allestivano in paese. Quando arrivavano le compagnie in tournée, andavo a vederle con mio padre e mia madre. Il giorno in cui mia madre morì, proprio nel periodo del mio maggiore impegno a Gibellina, mi ricordai con commozione della volta che mi accompagnò a vedere il *Rigoletto* al Teatro Mandanici. Era la versione cinematografica girata per il pubblico della provincia; la bobina era così usurata che le voci del baritono Tito Gobbi e della soprano Lina Pagliughi si perdevano gracchiando nel buio. Restava quasi niente, ma quel niente era sublime.

All'Opera dei Pupi di Barcellona, invece, ci andavo di nascosto perché era un luogo di perdizione, di puttane e delinquenti. Mi ci portava Santino detto «il turco» (in siciliano «Santinu u turcu», perché era scuro come un ottomano). Faceva l'operaio nell'ebanisteria di mio padre e, la sera, si godeva le storie di Orlando e Rinaldo, del cui linguaggio popolare ho tenuto conto quando scrissi l'*Orestea*. Seduto sulle cassette d'arancia rovesciate, che fungevano da sedie, mangiavo noccioline, lupini e ceci abbrustoliti;

e uscivo dal teatro emozionatissimo per aver visto il prode Orlando morire nella battaglia di Roncisvalle.

Un anno, al liceo, scrissi uno spettacolo-rivista per i miei amici. Diedi una parte a tutti e io stesso recitai con loro. Fra gli attori c'era Angelo La Spada, che cantò una canzone intitolata *Graziella*, dedicata alla più bella della scuola. Lei era erede di una famiglia benestante, mentre il povero La Spada era figlio di gente umile e si era innamorato perdutamente della nostra compagna. Il primo giorno di esami della maturità classica, Angelo, in preda al delirio d'amore, la uccise. Disse che l'aveva angelicata. Quel giorno, Graziella moriva mentre lui finiva nel manicomio di Reggio Emilia, da dove, ogni tanto, mi mandava a salutare.

Il 22 ottobre 2024 sono diventato dottore in Legge. Scriverò subito una istanza per difendere gli artisti italiani dalle intemperie dell'arte e della pioggia.

L'Università degli Studi di Messina mi ha assegnato la laurea *honoris causa* in Giurisprudenza. È stata una delibera del Senato Accademico, all'interno di una delle facoltà di Giurisprudenza più importanti d'Italia. La città di Messina è sempre stata una sede di grandi giuristi e di grandi gesuiti.

Ignazio da Loyola, nel 1548, fondò proprio a Messina il primo collegio di gesuiti al mondo, il famoso *Primum ac Prototypum Collegium Societatis Iesu*, prototipo di tutti gli altri collegi di insegnamento che i gesuiti fonderanno poi con successo in ogni Paese, facendo dell'insegnamento la loro missione. Fra i giuristi, invece, ricordo Salvatore Pugliatti, uomo di legge, ma anche musicologo e letterato, amico di Quasimodo; fu preside della facoltà di Giurisprudenza per vent'anni, socio dell'Accademia Nazionale dei Lincei negli anni Cinquanta. Divenne poi rettore dell'ateneo messinese dal 1955 fino al 22 maggio del 1976, quando morì improvvisamente mentre presiedeva, a Ragusa, la giuria di un premio di poesia da lui stesso fondato. Anche Giorgio La Pira, per tre volte sindaco di Firenze, studiò a Messina con Pugliatti.

Credo mi abbiano onorato di questo titolo per l'aspetto civile del mio lavoro. Quando ho chiesto a Giacomo D'Amico, professore ordinario di Diritto costituzionale e coordinatore del corso di laurea magistrale in Giurisprudenza, le ragioni di questa scelta, mi ha risposto con un sorriso: «Il lavoro che hai fatto tu sui Codici ci ha fatto capire qualcosa che, da soli, noi giuristi, non avremmo mai capito».

Dopo aver cancellato la Costituzione italiana e soprattutto le leggi razziali per il Quirinale, mi era venuta l'idea di cancellare il Codice penale e il Codice civile con lo scopo di proporre una diversa riflessione sul significato di convivenza comune. Nell'arte è importante il punto di partenza. Se parti dal mercato, arrivi al mercato. Ma se parti dalla società, arrivi alla società. Così mi sono accinto a cancellare i Codici con lo spirito giusto, convinto che la parola cancellata, sottratta alle leggi, sia un monito per il recupero di quei valori che rendono l'uomo civile. «Dal dì che nozze e tribunali ed are / dier alle umane belve esser pietose» scriveva Ugo Foscolo nei suoi *Sepolcri*.

L'atto lirico e insieme risoluto della cancellatura ha piegato allora le caratteristiche della lingua tecnica e asciutta tipica delle norme giuridiche in una direzione poetica, altre volte ironica o beffarda, ma in ogni caso sintetica e incisiva al punto da scuotere le coscienze e creare, cancellando, molteplici livelli di senso. Basta leggere i titoli cancellati per rendersene conto:

~~Co~~dice pena~~le~~
~~Co~~dice ~~ci~~vile

Per entrambi i Codici, ho curato molto il vigore formale. L'opera d'arte deve essere potente in modo da resistere agli urti delle mode. Ma l'artista rappresenta e non giudica. Poi, nell'intimo, coltiva le sue preferenze. Ma, nel suo ruolo pubblico, deve dimostrarsi un osservatore e mai un castigatore. La sua opera deve individuare il problema per poi rappresentarlo in modo efficace. È chiaro che io non volevo distruggere la Costituzione italiana, ma fare esattamente l'opposto. Condannare chiunque volesse farlo. Per il Codice penale, il cosiddetto «Codice Rocco», dal nome del ministro di Grazia e giustizia del governo Mussolini, Alfredo Rocco, che ne curò l'estensione, il discorso è diverso perché essendo un codice autoritario richiederebbe davvero di metterci mano. È un codice fascista che, in una prima stesura, ripristinava addirittura la pena di morte. La mia cancellatura ne ha messo in risalto le storture, con sarcasmo.

> Il condannato all'ergastolo... può anche essere provvisorio.
> Chiunque commette una strage è punito... con la libertà.
> Chi abusa della credulità popolare... ha l'autorizzazione dell'autorità competente.

Sulle pagine del Codice civile ho cercato un doppio binario, realizzando una parte visiva quanto più fascinosa possibile per attrarre lo sguardo e poi sferrare un pugno nello stomaco con le scritte sopravvissute alla cancellatura.

> La ignoranza ha anche diritto a indennità.
> Lo Stato può invocare a propria scusa l'ignoranza.
> Donazione fatta da persona incapace di intendere e di vol... are.

Per la cerimonia di conferimento della laurea *honoris causa* ho steso un discorso che volevo riassumesse il mio lavoro sulla parola e sul suo valore nella società civile, partendo dalle origini citate dell'avanguardia per approdare alle più recenti derive della comunicazione, indirizzando il tutto verso una sfera giuridica che comunque aleggia in sottotraccia alla mia riflessione, da sempre. Per questo ho intitolato il mio intervento *La parola è un diritto*.

Negli anni Ottanta del Novecento un coro di critici d'arte affermò con disarmante perentorietà e chiarezza che era venuto il momento di togliere ai pittori (e agli artisti in genere) il «lusso della parola». Come se la facoltà di riflettere e di pensare che aveva sostanziato l'arte occidentale dal Rinascimento in poi, scendendo per i rami del Romanticismo tedesco fino all'esplosione delle avanguardie europee e del Futurismo italiano, fosse ormai un freno alla ricerca, del quale bisognava sbarazzarsi al più presto.
Per quanto polemica e strumentale, l'affermazione non era del tutto ingiustificata, anche se alla lunga si sarebbe rivelata infausta per le sorti della cultura mondiale impoverita di quel pensiero «visivo» che ormai si era riversato tutto nella poesia concreto-visiva e principalmente nell'arte concettuale più conclamata, dove la forza iconica dell'opera si dissolveva

in una serie di enunciati filosofici inerti, esteticamente inefficaci, sottratti a Ludwig Wittgenstein e al positivismo logico viennese.

Il quadro degli artisti concettuali, in pratica, era una sequenza di parole attinte alla produzione filosofica più aggiornata e diligentemente trascritte sulla tela o fotografate da vocabolari e dizionari per essere trasferite direttamente su carta fotografica. Né si risolveva in potenza visuale la soluzione formalista di trasformare in insegne al neon il sapere di Aristotele o di Platone. Per questa via, anche il miglior sapere filosofico diventava un ornamento, un ricciolo. Capisco allora l'intolleranza di chi, stanco di decorazioni e sofismi concettuali, proclamò che la parola era morta o doveva morire. Io stesso lo dissi, sia pure in un'altra chiave, perdendo la stima e l'amicizia di Eugenio Montale.

Nessuno ama le autocitazioni, ma voi oggi mi concedete l'onore di questa laurea proprio perché ho partecipato in prima persona a questo conflitto di idee. E dunque la mia testimonianza può essere utile.

Voglio dire che anche la mia opera, a un certo punto, è stata frettolosamente assimilata dai critici all'esperienza concettuale, offrendo al pubblico una griglia non sempre adeguata alla lettura del mio lavoro. Intanto perché si dimenticava troppo spesso che io venivo dalla letteratura. Nei casi più benevoli per cancellare una «colpa» d'origine all'epoca insopportabile nel mondo dell'arte. In altri casi, non necessariamente malevoli, per la mancanza di cultura letteraria da parte di molti critici, escludendo doverosamente dal novero personaggi come Giulio Carlo Argan, Gillo Dorfles o Filiberto Menna, fino a Renato Barilli e a Bruno Corà, tutt'altro che privi di familiarità con la buona letteratura. Una familiarità indispensabile per capire la stessa pittura (penso a Giorgio de Chirico e a suo fratello Alberto Savinio) dopo che le avanguardie storiche avevano fatto saltare i codici tradizionali della comunicazione rendendo auspicabile, oltre che possibile e lecita, l'ibridazione dei vari linguaggi umani come in un teatro virtuale, dove la parola del poeta è rafforzata dall'apparato scenico o dall'immagine dell'attore.

Le prime avvisaglie, prima che nei collage futuristi o dadaisti, ce le darà Georges Braque con la scritta *Valse* stampigliata sul quadro per esaltare il vigore dei colori e delle linee: una esperienza non troppo distante dalle parallele tentazioni pittorico-verbali di Pablo Picasso. Senza dire degli esperimenti tipografici di Mallarmé, dei calligrammi di Apollinaire o delle parolibere marinettiane.

Tutto ormai converge da centocinquant'anni, ultimamente perfino sui social, verso una comunicazione globale dove la parola non perde il suo peso ma appare sempre più insostituibile e decisiva anche nella comunicazione mediatica. Tanto che senza le didascalie verbali oggi non sapremmo se un missile sta colpendo Gaza o Kiev, così tanto si somigliano tutte le guerre tra loro.

Il primo allarme si era avvertito nel 1964, quando la Pop Art scoppiò letteralmente alla Biennale veneziana soggiogando l'Europa. Una tempesta per l'occhio dopo i cicloni ottici del cinema hollywoodiano e le foto magnifiche e rutilanti dei rotocalchi ad altissima tiratura.

Non c'è dubbio che i quadri Pop erano opere di forte suggestione, per quanto qua e là discutibili per la loro ambiguità mercatista, come si direbbe oggi. Se non che la loro potenza mi confermò un dubbio che mi portavo dietro da un anno, dopo che nel 1963 avevo viaggiato negli Stati Uniti per un mese, come inviato del «Gazzettino» di Venezia, al seguito del presidente Kennedy. Allora avevo conosciuto un'America ancora compatta – ma fino a un certo punto se penso all'imminente assassinio di Kennedy –, diventata un solo grande popolo grazie all'educazione elargita con il cinema e con i fumetti a chi non parlava l'inglese. Poveri ebrei di Odessa scampati ai pogrom, contadini calabresi e siciliani affamati, tedeschi e francesi sfuggiti a guerre ideologiche o religiose. Nessuno di loro capiva l'inglese dei Padri Pellegrini; una cultura visiva era il solo accesso alla conoscenza di cui potevano disporre.

Del resto, la stessa cosa era accaduta secoli prima nel Vecchio Continente, quando il fedele che ignorava il latino era costretto a cibarsi della *Biblia Pauperum* raffigurata nelle vetrate delle cattedrali gotiche o negli affreschi delle chiese toscane.

E tuttavia io ero nato nel cuore siciliano di un *Mare Mediterraneum* che aveva cullato le tre religioni monoteiste suscitate dal Libro e dalla Parola di Dio: l'Ebraismo, il Cristianesimo e l'Islam. Come artista e come scrittore mi sentivo personalmente minacciato. Qualcosa di simile a un coltello puntato alla gola. Come voi che usate le parole per insegnare ai giovani. Come gli innumerevoli giornalisti costretti a misurarsi ogni giorno sui social con lingue e notizie che partono chissà da dove e non si sa dove arrivano, tradotte in lingue che nessuno conosce da macchine sconosciute. Come gli avvocati che non sanno più difendere le giuste cause perché la loro parola deperisce ogni giorno.

Il mio non è il discorso di un apocalittico spaventato dalla sua stessa ombra. Perché sono fiducioso per carattere e per natura. Ma non può essere neppure il discorso di un perfetto integrato. Come non era integrato lo stesso imperiale Virgilio di fronte al suo amico e protettore Ottaviano Augusto quando gli ricordava con le *Georgiche* e le *Bucoliche* di preferire la vita dei contadini e dei pastori mantovani a quella dei potentati romani.

Mi convinsi, alla fine, che la parola – la sola tecnologia a buon mercato perché espressione diretta dell'uomo – andava salvata scendendo sul terreno dell'avversario. Cioè con strumenti eminentemente visivi.

Fu per questo che decisi di cancellarla: non per distruggerla – a questo ci pensano le chiacchiere dei social – ma per rafforzarne il potere espressivo. E perché, soprattutto, la cancellatura è più potente di tutte le tecnologie digitali raccolte in un fascio. Basta toccare un solo tasto per distruggere il mondo. Ma basta non toccare quel tasto perché il mondo sia salvo.

Dire che la parola è il primo dei diritti umani significa mettere i piedi nel piatto dei diritti garantiti in un Paese libero e democratico. Significa credere in una legge che sia sempre e per sempre uguale per tutti, per i ricchi e per i poveri, per gli allineati non meno che per gli sbandati dalla miseria.

Non so quale uso concreto io potrò fare della laurea che voi mi date con tanta fiducia nelle mie capacità giuridiche. Potrei fregiarmi del titolo di dottore sul biglietto da visita. Ma non ce n'è bisogno, perché devo confessare che mi chiamano dottore fin da quando ero bambino, e io li ho lasciati dire per quella patologica vanità d'artista che ancora oggi non riesco a cancellare.

Potrei fare il magistrato, ma i limiti d'età per un concorso li ho già superati da un pezzo. Potrei tentare la carriera universitaria, ma dovrei rimettermi a studiare e mi manca la voglia.

Quel che potevo fare, nel campo del diritto, l'ho fatto cancellando la nostra Costituzione, seguita dal Codice civile e dal Codice penale dove, per citare un solo articolo, l'ergastolo si trasforma in una pena scontabile con una multa da 50 euro.

Non posso peraltro dimenticare, in questa sede, un mio contributo allo studio del diritto al quale tengo particolarmente. La cancellazione per il Quirinale delle leggi sulla razza emanate dal fascismo nel 1938, quando i nostri compatrioti di fede ebraica, che tanto avevano dato al nostro Risorgimento nazionale, scoprirono all'improvviso di non essere più italiani, diventando oggetto di una persecuzione che disonorò e ancora oggi disonora il nostro Paese.

È questa la tensione esistenziale e civile che ho avuto la sorte di attraversare in tutta la mia vita, ma soprattutto negli ultimi venti o trent'anni, per avere la certezza che il cuore dell'arte non può che battere per valori largamente condivisi, piuttosto che per il piacere di pochi che all'arte chiedono la conferma dei loro privilegi.

Avevo già lavorato sulla nostra Costituzione nel 2010, quando la cancellai come prevenzione e rappresentazione di un crimine sempre possibile. E certo non potevo ripetermi quando il MAXXI, nel 2023, mi chiese di tornare sul tema per i settantacinque anni della Carta costituzionale.

Fu allora che pensai ai Dieci Comandamenti come fondamento di tutte le Costituzioni laiche dove la mano di Dio e quella dell'uomo si cercano come nella Cappella Sistina di Michelangelo. In tutto undici coppie di Tavole nelle principali lingue del mondo – dalle quali emerge solo il quinto Comandamento *Non uccidere* – realizzate in pietra del Sinai e racchiuse in una architettura di Mario Botta.

Quel che potevo fare, insomma, l'ho fatto da artista, da uomo di cultura al quale la buona sorte ha concesso un discreto uso delle parole e delle immagini. Ora, con questa prestigiosa laurea, forse potrei fare l'avvocato, come sperava mio zio Ciccio che andava in Corte d'Assise a godersi i grandi avvocati del Novecento (principalmente Carnelutti e De Marsico) che intonavano le loro arringhe con lo stesso impeto con il quale Francesco Tamagno o Enrico Caruso cantavano *Di quella pira* alla Scala o al Metropolitan. Oltre tutto, un po' di pratica forense l'ho fatta con l'avvocato Salvatore Trifirò quando mi ha difeso nella causa contro Roger Waters, l'ex Pink Floyd,

da me accusato di plagio per aver platealmente copiato una mia cancellatura del 1964 per la copertina di un suo disco.
Le mie buone ragioni furono portate sulla bilancia della legge dal mio grande difensore e vincemmo la causa. L'avvocato Trifirò riconobbe in me un valido assistente che tutte le mattine si recava nel suo studio con le carte e i documenti più utili e giusti per assicurarci la vittoria.
Eppure, anche l'avvocatura mi è preclusa per i soliti raggiunti limiti. Solo come artista non andrò mai in pensione: per amore di quelle libertà umane e civili che ancora resistono in questa parte di mondo. Sono le libertà per le quali voi combattete nelle aule universitarie come nei tribunali e nelle Corti d'Assise. Anche la battaglia per una giustizia più equa la stiamo combattendo insieme. E io sono orgoglioso che voi mi consideriate il più giovane dei vostri colleghi.

Volevo irritare il mondo e il mondo ha finito per amarmi. Persino quello cattolico, pur conoscendo la mia laicità.

Più che un laico, mi ritengo un tormentato e un indeciso. D'altra parte, ammesso e non concesso che il Papa legga le parole che spesso ripeto – «Io la mattina credo molto, al pomeriggio molto meno» –, cosa mai potrà pensare? O mi fraintende o mi apprezza per la sincera titubanza. Conosco le idee di Papa Francesco sull'arte e mi piacerebbe discuterne con lui. Ha una veduta molto lungimirante sull'arte contemporanea. Sa che l'arte è differenza ed effrazione. Lo sa perfettamente. Esattamente come sa che l'arte visiva, tanto quanto la poesia, è deviante rispetto a tutte le società costituite, sia laiche sia religiose, perché rappresenta la dissonanza sociale, della quale c'è bisogno per consentire alla comunità di crescere.

L'artista, in questo senso, non agisce razionalmente, ma mescolando istintivamente programmazione e libertà. Io l'ho fatto cancellando romanzi non sacri per farli diventare sacri. Poi ho cancellato libri sacri per sacralizzarli ancora di più. E intendo il sacro non certo in senso liturgico, ma come la tensione dell'umano verso una dimensione di senso assoluto e come una interrogazione profonda sul mistero dell'esistenza. Mark Rothko diceva che ogni vera arte ha a che fare con la morte. Tutta la mancanza di senso del sacro che ho incontrato nell'arte mi ha infastidito, pur non essendo io un bigotto, ma un uomo che non sopporta una società materialista come la nostra. Non la sopporto perché conduce alla disperazione. Aleksandr Puškin, definito da Dostoevskij «il prototipo dell'uomo universale», si opponeva a ogni forma di materialismo per l'affermazione di una «coscienza della libertà», intesa quale servizio reso alla divinità. C'era per lui una legge suprema ed eterna: la legge divina della verità e della giustizia, una verità che ci trascende sempre.

La dimensione del sacro che l'arte dovrebbe perseguire testimonia il rapporto che un uomo stabilisce con se stesso e con il senso da dare alla propria vita. Che non esclude una fede religiosa, ma neppure la include a priori. C'erano spiriti laici, alla fine dell'Ottocento, che questa fede nell'uomo la coltivavano fortemente, credendo nell'umanità e nella sua capacità di emanciparsi da sola, anche senza l'aiuto di Dio, ma scortata da un'autentica spiritualità. Non parlo di trascendenza, il concetto di spiritualità implica i valori stessi dello spirito, delle idee, dell'immaginazione. C'è, in tutto questo, un aspetto umano imprescindibile, che affonda le sue radici nell'uomo razionale di Cartesio, che viveva in due dimensioni, quella fisica e quella psichica, cui la sfera dello spirituale si aggiunse dopo, aprendo il discorso a una prospettiva cosmica, ma radicata in noi. Ecco, ora si capisce perché la mia sia una coscienza tormentata. Perché, forse, ho frainteso sia la parola di Dio sia la parola dell'uomo.

Sono passati cinquantacinque anni dal debutto de *Il Cristo cancellatore* sulla scena dell'arte e ancora oggi mi tocca spiegare come e perché quel mio personaggio, terrestre e divino insieme, sia diventato «cancellatore» da «redentore» che era in origine. Certo avevo in mente, preparando l'opera, lo spettacolo della Passione e Morte di Nostro Signore che tutti gli anni vedevo a Pasqua al teatro dei Salesiani, là dove un angelo si rivolgeva al Nazareno con le parole più sacre e solenni: «*Agnus Dei qui tollis peccata mundi*». Parole che alle mie orecchie avevano un suono probabilmente più familiare: «Agnello di Dio che cancelli i peccati del mondo».

Non era tuttavia un'istanza pedantemente cattolica a muovermi, visto che la mia educazione era perfettamente laica, quanto quel certo spirito di contraddizione che mi accompagna da sempre, e che consiste soprattutto nel preservare dentro di me anche le cose apparentemente rifiutate.

Quando cominciai a lavorare al Cristo (non a caso nell'anno 1968, anno di tutte le rivoluzioni ancora desiderabili) non posso negare che anch'io ero preso da quel clima di rinnovamento generale che dall'arte passava alla vita e dalla vita ritornava all'arte con la massima naturalezza.

D'altra parte, per una serie di circostanze e di ragioni che sarebbe troppo lungo elencare, le mie scelte politiche e culturali erano di tipo libertario, in quanto vedevo nell'arte (a cominciare dalla pratica che io stesso ne facevo) uno strumento di crescita e di riscatto. Fedele, almeno in questo, agli ideali di fondo della mia generazione.

Se non che ero cresciuto in una famiglia laica (ma non irreligiosa) e mi ero intellettualmente formato con amici che alla parola Dio davano un peso diverso da quello che poteva dargli un Papa che a quel tempo portava il nome di Pio XII. Io stesso, del resto, avevo riversato nell'arte una serie di pulsioni che in un'altra stagione non avrei esitato a definire «religiose». Credevo così tanto nell'arte che Dio lo davo per sottinteso, presente e assoluto. Solo che, a parte queste suggestioni, più che spiegabili per un italiano educato nei primi anni di vita tra la parrocchia e l'oratorio, a mano a mano che mi avvicinavo all'oggetto del desiderio, un Cristo giustiziere vagamente sessantottesco, per me era automatico tradurre una visione puramente catechistica e religiosa in una prospettiva artistica che trovava la propria trascendenza in se stessa.

È vero, non mi importava niente del Figlio di Dio, l'avevo perduto di vista fin dagli anni della mia adolescenza in Sicilia. E tuttavia quel Cristo, nella mia ipotesi di lavoro, poteva tramutarsi in un motore del linguaggio coincidente con la parola stessa e, di conseguenza, con il grande Libro che la parola contiene. Bastava questo, secondo me, a liberare la cancellatura da ogni connotazione novecentesca di taglio nichilista per recuperarla, alla pari del *logos*, come materiale da costruzione dell'universo. Il *logos*, in greco λόγος, esprime il pensiero e la ragione. La vulgata l'ha tradotto con *verbum*, ma il *logos* di cui parlavano i greci alludeva al dialogo che l'anima conduce con se stessa, mentre il *verbum* cristiano, come diceva Tommaso d'Aquino, è la luce che rende visibile il pensiero. La differenza sta in una sfumatura minima, ma importante se si applica alla dottrina cristiana. Spero di non averlo frainteso. Ma se, invece, l'ho capito giusto, c'è il rischio che mi facciano cardinale.

Fatto sta che tra il Dio creatore e l'artista che collabora umilmente con Lui si stabilisce un'alleanza politica. L'artista che altro è se non un umile collaboratore di Dio, del Padre Eterno? È il suo aiutante, il suo assistente, perché ricrea ogni giorno la vita e la rinnova. E, dunque, quel Cristo che toglie i peccati del mondo – secondo la versione salesiana – è lo stesso che fa piazza pulita delle disuguaglianze e delle nequizie del vivere umano. Sicché più io facevo l'artista, inventandomi un idioma cancellatorio capace di resistere all'usura di tante parole pronunciate invano come lo stesso nome di Dio, più riscoprivo il ragazzo che aveva introiettato in sé un cristianesimo forse un po' mitologico, capace di scatenare, seppure raggelato nelle forme del linguaggio, emozioni e speranze che non sempre l'arte consente a chi la offre e a chi la fruisce. Suggestionato da un'ipotesi di arte autosufficiente, tipica di certe avanguardie, mi accorgevo che il Cristo che cancellava, secondo un esercizio squisitamente estetico, era di fatto un Cristo che redimeva il linguaggio per redimere il mondo. Mi era impossibile, in altre parole, rifugiarmi in quelle attività tautologiche che, per quanto interessanti, rischiavano di sbarrare la strada al mio Cristo desideroso di esistere attraverso il Libro prima di farsi carne.

Quel Libro, in fondo, che rappresenta nel suo chiudersi e nel suo aprirsi l'essenza della mia vita. Perché tutto il mio lavoro è in sé il dispiegarsi di tante pagine chiamate a costruire, ora su pareti ora su leggii, il solo universo ancora possibile: quello della leggibilità e quello della speranza.

Dopo *Il Cristo cancellatore*, di testi sacri o comunque ispirati alla storia della fede ne ho cancellati altri. Nel 1974, cancellai il Vangelo di Giovanni. Più volte. Nel primo salvai un solo verso.

In principio erat Verbum.

Nel secondo, in un mare di cancellature, ho lasciato che affiorassero poche parole per un messaggio di speranza. Ma, soprattutto, cancellando la parola, ho esaltato il significato del prologo del Vangelo che spiega cosa accade a chi legge il Vangelo con cuore aperto: vede Dio e diventa figlio di Dio. La Parola è in grado di svelare Dio allo stesso modo in cui Dio si è fatto carne in Gesù. La Parola, come ha creato l'uomo, così lo ricrea continuamente a sua immagine. Perché l'uomo diventa la Parola che ascolta. E la Parola diviene, a sua volta, carne.

~~In principio~~ erat Verbum~~, et Verbum erat~~ apud Deum,
~~et Deus erat Verbum.~~

~~Hoc erat in principio apud Deum.~~
~~Omnia per ipsum facta sunt, et sine ipso factum est nihil; quod factum est;~~
~~in ipso vita erat,~~ et vita ~~erat lux hominum,~~
~~et~~ lux in tenebris ~~lucet, et tenebrae eam non comprehenderunt.~~
~~Fuit homo missus a Deo, cui nomen erat Iohannes;~~
~~hic venit in testimonium, ut testimonium perhiberet de lumine, ut omnes crederent per illum.~~
~~Non erat ille lux, sed ut testimonium perhiberet de lumine.~~
~~Erat lux vera, quae illuminat omnem hominem, veniens in mundum.~~
~~In mundo erat, et mundus per ipsum factus est, et mundus eum non cognovit.~~

Alla fine, il risultato era essenziale, quanto fulminante.

erat Verbum
apud Deum,
et vita
lux in tenebris

Per un istante ho avuto paura che fosse un atto blasfemo. Qualcuno poteva pensarlo. Ma non è accaduto. Ho incontrato altri gesuiti, oltre al Papa, nel corso della mia vita, ma non ci sono mai stati attriti. E pensare che, in passato, sono stato ancora più laico di adesso. Si è instaurato, al contrario, un dialogo aperto e rispettoso. Anche quando creai i primi semi d'arancia, i cattolici li apprezzarono senza riserve. In quel caso, certo, era più semplice. Il seme resta comunque un simbolo eterno e condiviso da molte culture. Mi divertii a giocare sull'equivoco del titolo di un seme che regalai a Milano per l'Expo del 2015: *Il Seme dell'Altissimo*. Poteva sembrare un inno al Padre Eterno, in realtà era il nome del monte sulle Alpi Apuane di Seravezza da cui si ricava un marmo statuario dalle venature scure. Non era il nome di Dio, seppure il doppio senso funzioni egregiamente. Tanto più che il mio desiderio di considerare l'arte come un gesto di semina, per un reiterato e collettivo crescere della vita e dell'energia, ha un valore semantico molto cristiano. Per *Il Seme dell'Altissimo*, oggi collocato davanti alla Triennale di Milano, feci ingrandire un seme d'arancia di 1.500.000.000 volte. Volevo che una parte minuta della natura, spesso trascurata, se non addirittura invisibile, fosse valorizzata nel suo potere generativo. Dall'infinitamente piccolo all'immenso.

Il primo esemplare di questo ciclo di opere lo avevo realizzato all'alba del millennio; il sindaco di Barcellona Pozzo di Gotto, Francesco Speciale, mi scrisse per coinvolgermi in un progetto di rilancio culturale della nostra città, martellata da una criminalità mafiosa sempre più dura e sfrontata. Allora mi venne in mente che Barcellona un tempo si era distinta, in Italia e in Europa, per la incontenibile attività di produzione e commercio degli agrumi, i quali, oltre ai frutti veri e propri, erano in grado di sprigionare essenze d'arancia o di limone inebrianti ricercatissime dai profumieri di Londra e Parigi. Dietro una forma di mero capitalismo, c'era il lato positivo che vedeva le donne impiegate e retribuite, non molto, ma abbastanza da emanciparle rispetto al ruolo perennemente dipendente da una autorità maritale di stampo feudale. Varato l'assistenzialismo regionale promosso dalla Democrazia cristiana, tutto il comparto andò purtroppo in malora, visto che gli agrumai mollarono le campagne e spronarono i figli a studiare per diventare medici o avvocati. Il mondo che avevo visto e abitato da ragazzo si era rapidamente trasformato in un panorama desolato, dove i lunghi treni carichi di bucce di agrumi in salamoia e frutta candita in partenza verso il Nord giacevano, vuoti e in abbandono, ai margini di una stazione dismessa. Perciò, alla richiesta del sindaco, risposi deciso che avrei scolpito un seme d'arancia e lo avrei installato proprio lì, nella piazza davanti alla vecchia stazione, in memoria dell'identità di un mondo che non c'è più. Scoppiarono polemiche a non finire sul luogo che avevo scelto per l'installazione. Un po' per ignoranza, un po' per le logiche del controllo gestite chissà da chi. E anche perché quel simbolo di rinascita intaccava gli interessi di quelli che preferivano mantenere lo *status quo*, senza che nessun artista o poeta visionario mettesse strane idee di riscossa in testa alla gente del luogo.

«Dove lo hai messo disturba il passeggio» disse con saccenteria un potentissimo uomo politico.

«Ce l'ho messo apposta perché disturbasse» risposi serenamente.

Quel gigantesco *Seme d'arancia*, amorosamente allestito dall'architetto Bruno Isgrò, mio fratello minore che non c'è più, fu inaugurato nella primavera del 1998, accompagnato da un manifesto programmatico firmato in calce da trecento intellettuali italiani, uno dei quali si chiamava Sergio Mattarella. In quella piazza assolata, battuta dal libeccio, approdarono per l'occasione oltre duecento sindaci in fascia tricolore da ogni angolo della Sicilia; una interminabile processione con bandiere e stendardi seguiva il passo della banda municipale che suonava la *Marcia turca* di Mozart salendo dal mare verso il cuore del paese.

Ogni progetto che mi avvicina oggi alla sfera del divino tocca le corde sensibili di una mia storia antica.

Negli anni della mia infanzia pozzogottese venivo

chiamato a pigiare l'uva con i piedi nelle proprietà dei notabili locali che reclutavano i ragazzi durante la vendemmia. Pestavo coi calzoni arrotolati sopra il ginocchio, saltando in mezzo al mosto e ne uscivo con i raspi incastrati nei capelli. I frati carmelitani (come fra Galdino dei *Promessi sposi*...) uscivano all'epoca dal convento che stava appena fuori del centro e venivano col carretto tirato da un'asina e una botticella fino al palmento dove c'era il mosto del vino nuovo e chiedevano un po' di scorta per l'eucarestia. Chissà se finiva in messa o in tavola. Quell'odore dolce e acre del mosto che cominciava a fermentare nelle vasche lo ricordo come fosse ieri. C'era qualcosa di mitico e tragico; c'era una ritualità precipitata nel reale che sapeva di terra e di cielo.

Nel 1994, quando realizzai la mostra *Prima della prima del Mosè ovvero Le Tavole della legge*, a Pesaro, nella Galleria Franca Mancini, per il Rossini Opera Festival, lavorai sui dieci comandamenti calandoli nella vita di tutti i giorni. Realizzai una potente scultura sponsorizzata da Vittorio Livi della Fiam Italia: una *Bibbia*, non in pietra, nemmeno in pergamena, in pelle animale o in carta, come si potrebbe immaginare; ma con una lastra spessa di vetro trasparente, un cristallo opalino che, nelle mie intenzioni, doveva indicare come le parole, anche se pesanti quanto macigni, possono essere incise nel vuoto o nell'aria, nella materia eterea, senza perdere la loro forza e il loro significato. La monumentale *Bibbia* di vetro con la sua infrangibilità precaria conteneva un riferimento al Mosè che distrugge le prime Tavole ricevute da Dio. E anche alla martellata di Michelangelo alla statua di San Pietro in Vincoli. D'altro canto, cosa c'è di più fragile e frangibile della Legge, specie di questi tempi?

Nel corredo di immagini che accompagnavano poi le *Tavole*, la cancellatura agiva per strati irregolari di colore bianco calcinato, velature sovrapposte fino a ispessirsi, ad azzerare i testi, riscritti nello spagnolo dei sefarditi, nel tedesco di Lutero, in latino, in un francese ricalcato sull'antico ebraico, in un inglese del Seicento alla maniera anglicana e in un italiano da catechismo. Tutti smembrati nel senso, reso precario ma, allo stesso tempo, intensificato nella sua presenza attraverso l'assenza. I frammenti superstiti erano epifanie, apparizioni, rivelazioni.

Se avessi il coraggio di Flaubert potrei scrivere un undicesimo comandamento e chiudere la mia partita con Dio. Ci penso. Prendo qualche appunto. Seguo l'istinto e la necessità. Undicesimo Comandamento: «Non mentire mai: soprattutto a te stesso».

Ecco, allora, tutta la verità.

Non sono un baciapile, in chiesa non ci vado mai, sono un credente a giorni alterni, fraintendo il problema della divinità, sono un uomo e coltivo dubbi. Ma, se questi dubbi li hanno i cardinali, perché non devo averli io che, in qualità di artista, non posso che essere laico, come uno scienziato? Dai tempi di Socrate, il dubbio è riconosciuto come una posizione epistemica privilegiata, l'unica in grado di assicurare il progresso della conoscenza.

Dunque, io dubito. Dubito davanti alla vita e dubito davanti all'arte. Dubito davanti all'eterno e dubito della narrazione filosofica e teologica che affronta il tema dell'anima.

Però, confesso, se mi mettono alle strette, allora preferisco credere, come Pascal, altrimenti sarebbe peggio. Sono un ottimista e come potrebbe un ottimista escludere a priori l'esistenza di Dio?

Dunque, io credo. Come credeva Galileo, uomo di scienza e di fede, che però la pagò cara.

Io credo in Dio e nell'uomo, nei valori divini e nei valori umani, sui quali i poeti non possono dissentire. Gli artisti e i poeti hanno il compito di dissentire soltanto da ogni forma di potere costituito. Perché, per tornare a Puškin, l'amore e l'arcana libertà hanno ispirato al cuore un inno semplice. La libertà è un dono di Dio e l'arte canta la libertà.

Dunque, l'arte è un dono di Dio. E lo dico da laico.

Sono diventato famoso: ci voleva anche questo per un pigro come me.

Essere pigri significa prendersi il tempo necessario per riflettere e creare. Diversamente da ciò che si pensa, la creazione nasce dall'ozio, dall'intelligenza a riposo. Poi ho altre capacità, che mi hanno consentito di fare il giornalista e l'uomo di teatro. So creare nella tempesta, per esempio. Quando mi passa davanti agli occhi un'idea importante, mi butto; ho riflessi svelti e slanci furiosi. Dopo di che, torno ai ritmi lenti e costanti. Quasi tutte le mie opere visive hanno avuto, in realtà, una gestazione lenta. Mi piace molto cancellare con lentezza, accarezzando la pagina con cura e rispetto. Qualche volta, cancellando di notte, tenendo la testa china sui testi e le dita appoggiate delicatamente sui margini, mi ci sono addormentato sopra, rovinando tutto.

Per i romani l'*otium* era il tempo libero da dedicare alla creatività. L'*otium* dei filosofi era una forma superiore di *negotium*, perché si rivolgeva non soltanto agli interessi dei singoli individui, ma aveva come fine l'umanità intera. L'*otium* di Seneca era la condizione che rendeva possibile il pensiero assoluto, il momento del lampo. Non per niente, Newton sviluppò il calcolo infinitesimale durante i giorni di isolamento dovuti al dilagare della peste. La fiamma primigenia si accende nell'ozio e negli istanti della vita contemplativa. Ci sono collezionisti che amano i primi tagli di Lucio Fontana perché vedono in essi la luce dell'*otium*. Quando io non so come andare avanti con un lavoro, mi fermo e contemplo pigramente quello che ho fatto. Così, finalmente, vedo lucidamente l'opera e il suo evolvere. Divento un costruttore di ipotesi che non avevo visto. Attività e pigrizia sono strettamente intrecciate, bisogna concedersi soste per procedere meglio.

Per molti anni ho pensato che la mia scelta di cancellare fosse una tecnica adeguata al mio essere pigro. Cancellare come un miniaturista piegato sui codici, senza dover allontanarsi mai dallo scrittoio. Poi, però, compresi che la scelta apparentemente dettata dalla mia pigrizia aveva un altro significato e capii che mi stavo condannando a un lavoro non per pigri, ma che andava, al contrario, ragionato a lungo, soprattutto sullo sfondo di un'epoca combattuta fra l'esaltazione pop dell'immagine da un lato e il minimalismo concettuale nella sintesi estrema del messaggio dall'altro. A quel punto, mi guardai bene dall'esaurire la cancellatura in una pura mossa gestuale. La pigrizia e la lentezza mi servirono a mettere a fuoco il bersaglio. L'arte è un misto di calcolo e di istinto. Calcolo preventivato, ma con l'errore sempre in agguato da accettare. Questo temporeggiare mi ha portato a un conflitto con una parte del pubblico e, soprattutto, del mercato. Perché l'etica malvagia del consumo richiede di espugnare subito il castello. È l'etica di oggi: aggredire la situazione. Ma la situazione va affrontata in fretta quando ci sono in gioco reali valori di sopravvivenza degli uomini, non quando sul tavolo c'è una qualsivoglia forma di profitto discutibile.

Ho cercato di insegnare questo approccio ai miei studenti della Naba, la Nuova accademia delle belle arti di Milano, dove Guido Ballo mi chiamò il 6 ottobre 1980, giorno del mio quarantatreesimo compleanno, a fare parte del nucleo fondatore e del corpo docenti, accanto a colleghi come Gianni Colombo, Kengiro Azuma, Emilio Tadini, Luigi Veronesi o Hidetoshi Nagasawa. «Ti siedi in cattedra e ti leggi il giornale. I ragazzi faranno tutto da soli» mi disse Ballo. Seguii il consiglio. Insegnavo Teoria e metodo dei mass media e sapevo bene che la lettura dei giornali non era altro che una provocazione, il modo più spiccio per dire agli studenti che anche loro potevano fare altrettanto: leggere i giornali, meglio i rotocalchi, da cui cavarne poesie visive, immagini e parole registrate dagli occhi e ricomposte nelle mente. Rimasi alla Naba per quasi vent'anni e furono anni pieni di gioia e di vita. La gioia che solo l'insegnamento ti può dare. Alla fine, mi ritirai per un soprassalto di onestà intellettuale, avendo capito che la generazione del web conosceva le logiche dei mass media molto meglio di me. Però, con loro, a dispetto di ogni sintesi oggi imposta dal linguaggio dei social, insistetti sul valore dello scrivere, del comunicare, del progettare. In tempi più recenti ho fatto lo stesso con gli allievi della Scuola della cancellatura, il primo corso di alta formazione ispirato al mio gesto artistico e promosso dalla Università degli Studi di Urbino. Ho invitato al mio fianco a discuterne vari luminari della semiotica, della filosofia, della sociologia, dell'economia, del giornalismo e della teologia; architetti come Mario Cucinella oppure filologi come Carlo Ossola, ora presidente dell'Istituto della Enciclopedia Treccani. La scuola è nata su una linea di rottura con le consuetudini del sistema e gli ospiti sono stati chiamati a confrontarsi su argomenti di attualità, dalla censura alla *cancel culture*, e sul grande potere di aggiungere togliendo, di creare per sottrazione, di parlare nel silenzio. Quando il silenzio si fa necessario, nulla si può dire o aggiungere di nuovo, rimangono solo le virgole a segnare il passaggio del tempo e a confermarci che, in realtà, qualcosa di indescrivibile sta accadendo.

Nel mio lavoro non sai mai se sia più importante la parte cancellata o quella che emerge. È lo stesso concetto che regola gli equilibri fra segno e vuoto nella calligrafia, dove lo spazio bianco ha lo stesso valore dell'ideogramma. Una questione di pesi. Per questo motivo cancellare significa evidenziare. Per questo la mia opera non può essere confusa con l'odierna *cancel culture* che, a suon di *politically correct*, ci farà dimenticare anche Romeo e Giulietta. Io cancello per evidenziare un problema, far emergere certe parole e il loro valore dimenticato. La cancellatura, grazie al fraintendimento che offre di se stessa, si presta a varie letture, mentre la *cancel culture* si offre a una sola lettura, quella della paranoia puritana.

Lo scarto, l'opacizzazione, la censura, l'iconoclastia, l'oblio, il negazionismo, il revisionismo sono lontanissimi da un'idea di cancellatura che lascia affiorare l'essenza, che modifica, agisce creativamente sul testo, per sottolinearne l'anima e la potenza. Quando, nel 2016, realizzai *I Promessi sposi cancellati per venticinque lettori e dieci appestati* partendo dalla cosiddetta Quarantana, che Manzoni fece illustrare da Francesco Gonin, sapevo che mi sarei confrontato con un pubblico ovviamente più conservatore. Cancellai quasi tutto il testo con inchiostro nero o tempera bianca, facendo sopravvivere solo alcune parole chiave. Quello che poteva sembrare un oltraggio al padre nobile del romanzo italiano era in realtà un atto d'amore. Volevo fornire un'altra chiave d'accesso al romanzo manzoniano. Manzoni è uno scrittore di luoghi comuni: nel senso che sono comuni a tutti, fanno parte del nostro vissuto. Cancellandola, mi sono accorto di quanto la scrittura manzoniana sia potente e sorgiva e di quanto abbia offerto alla nostra letteratura dopo Dante. Giacché in Manzoni la cultura si fa natura. L'azione distruttiva della cancellatura ha costruito una nuova narrazione. Ho salvato poche parole sufficienti a evocare l'intero capitolo, come la conversione dell'Innominato: «Io, Dio». Talvolta l'intervento è più pittorico: laddove, per esempio, compaiono le due anime della monaca di Monza, contemporaneamente bianca e nera. Nel cuore del capitolo X, ho salvato un profetico «tutto è cancellato», per oppormi alla sentenza funesta del padre di Gertrude, che perdona le intemperanze della figlia in cambio della sua sottomissione.

Ora è chiaro che io, con la cancellatura, ho inventato un gesto che non poteva generare repliche dalle stesse avanguardie. Quando si arriva a cancellare la parola, si può solo ricominciare da capo. Non bastavano le scritture di Sanguineti, le sue strutture caotiche di frasi ibride e spontanee, a rinnovare l'uso della parola. Ma non bastava neppure il «grado zero della scrittura» di Roland Barthes e le sue derive nell'assenza totale di segni. Per rinnovare era necessario mantenere l'ambiguità di una parola sempre presente che, da un lato, veniva cancellata e, dall'altro, brulicava sotto le cancellature stesse. Esattamente come nel melodramma, dove la parola è cancellata dalla musica, ma ancora si percepisce.

Devo confessare che ho avuto grande stima per Nanni Balestrini, un amico, un poeta e un artista visivo che concepiva la poesia come «emozione intellettuale». La sua tecnica del collage, la frantumazione e la ricombinazione della parola sulla pagina, mirava a replicare l'insensatezza della parola contemporanea, la svuotava e riempiva di nuovo di senso, anche se Nanni era fortemente convinto che la poesia non potesse cambiare il mondo. «Ma perché quest'idea bizzarra, perché proprio lei dovrebbe farlo? Perché non la scultura, il balletto o il giardinaggio?» aveva dichiarato in una celebre intervista dei primi anni Settanta. Compito del poeta, scrisse in un suo testo del 2015, è «"stuzzicare" le parole [...] imporre violenza alle strutture del linguaggio [...] provocare quei nodi e quegli incontri inediti e sconcertanti che possono fare della poesia una vera frusta per il cervello del lettore, che quotidianamente annaspa immerso fino alla fronte nel luogo comune e nella ripetizione». La ricerca di Pasolini, però, mi stimolava di più, pur essendo lui diversissimo da me. Quel tipo di avanguardia rischiava, a mio parere, di scantonare nel formalismo, in ideologismi novecenteschi, come avvenne proprio per Sanguineti, che non poteva scrivere un rigo senza citare Marx.

Rispetto alle avanguardie del periodo che ragionavano ostinatamente su significato e significante, che facevano impappinare il pubblico in mille dispositivi cerebrali, ho preferito dare vita a una forma chiusa: io cancello e chiudo. È normale che, davanti a questa risoluzione, molta gente, di tipo progressista, mi abbia considerato un nichilista. Non dico che ne soffrissi, non mi importava molto, ma sentivo che dovevo farmi capire di più. E, infatti, ho fatto sì che, di fronte al nero pesto del segno abraso, scattasse la domanda su cosa ci fosse sotto. Sotto c'era un romanzo, una poesia o un libro intero? E il lettore, come poteva entrarci? Doveva accettare di immaginare tutte le parole del mondo. Tutte le parole possibili.

Il più nichilista degli artisti italiani è piaciuto così a Pasolini e a Testori, al Papa e al presidente della Repubblica. Sono stato un artista solitario, ma non isolato. E tutti hanno compreso che non ero fazioso e che la cancellatura si presentava come un antidoto alla incomunicabilità e alla solitudine. Con la cancellatura avevo recuperato la capacità della parola di parlare, di pensare e di plasmare un immaginario forte, in grado di valorizzare il meglio della cultura che ci veniva proposta, discutendo tutto il resto. Posta dialetticamente in rapporto con le parole che emergono e con quelle che non ci sono, la cancellatura creava curiosità e, soprattutto, il bisogno di interrogarsi su cosa si fosse perduto. Mentre il pubblico si destreggiava fra il detto e il non detto, il visibile e l'invisibile, io colsi l'opportunità che mi offriva il linguaggio della cancellatura di liberarmi, una volta per tutte, dall'ipoteca della poesia visiva, di cui ero ritenuto il leader e il principale artefice, ma che mi imbrigliava nelle maglie strette di una definizione da manuale. Ringraziai la cancellatura che mi salvò dall'etichetta.

Sono diventato allora il commesso viaggiatore, il titolare unico della cancellatura, che finì per dimostrarsi lo specchio del suo tempo, così come accade per ogni forma d'arte profondamente radicata nell'epoca che la partorisce e di cui assorbe gli umori, per poi renderli universali. Lo diceva Édouard Manet quando ritrasse il suo famoso *déjeuner* sull'erba con gli uomini in abiti alla moda: «Bisogna essere del proprio tempo e fare ciò che si vede». Un artista ha la capacità di leggere ciò che gli capita intorno e io, quello che succedeva, a livello di cambiamenti sociali e relazionali, lo sentivo sulla mia pelle senza vederlo, come avevo sentito le opere di Rubens alla Alte Pinakothek di Monaco di Baviera senza fermarmi a contemplarle. Probabilmente il mio inconscio riesce a captare il senso delle cose.

Tutti ora mi considerano un pensatore e un teorico. Dicono che sono un artista colto. Sì, è vero, ho letto qualche libro. Ma non fatelo sapere in giro. Io, questo vizio, l'ho sempre avuto. Da bambino, intenerivo la baronessa Donato perché stavo continuamente a sfogliare libri in un angolo del cortile, invece di giocare a calcetto. Ho letto molto da ragazzo e continuo a leggere molto adesso. Ma non le letture importanti come fanno i miei amici. Leggo i giornali, le riviste, i libri di svago; mi piacciono le vite dei grandi uomini e le *Vite parallele* di Plutarco. Dei grandi uomini mi interessa vedere come reagiscono davanti all'esistenza e come reagiscono davanti alla finitudine. E come hanno saputo narrarlo. Un artista sa bene come descrivere il male. E dunque mi domando come abbia fatto Shakespeare – che probabilmente non era un pendaglio da forca – a descrivere così bene la perfidia di Macbeth o la gelosia di Otello. Un artista deve provare in se stesso le cose peggiori dell'animo umano, perché le migliori le ha già coltivate nell'intimo, per il solo fatto di avere avuto il coraggio di guardare in faccia la morte. Perciò l'arte non tollera una versione rigida del mondo, perché l'artista è una spugna sensibile che assorbe ogni mutamento in circolo nell'aria. Se non fa questo si trasforma in un artista concettuale allo stato puro. E addio comunicazione. E addio presa sulla realtà.

Sono sessant'anni che cancello e non ho mai ricusato la verità.

Quando ho iniziato, mi attaccarono dicendo che la cancellatura creava dubbi, spaesamento, confusione, sconcerto o, addirittura, scandalo. Ma fui frainteso. Se, da un certo punto di vista, partecipavo alla pratica avanguardista che viveva di queste ambivalenze, dall'altro non mi bastava, perché volevo fare un'arte di comunicazione. Pur amando molto il Dadaismo, ho preferito le posizioni più inclusive. Quelle del Costruttivismo tedesco o del Futurismo italiano, che il problema sociale dell'arte se lo sono sempre posto. I dadaisti non se lo ponevano, stavano fra di loro, senza la capacità né la volontà di aprirsi al mondo. Diversamente da ciò che si poteva pensare, io ho scelto la professione del giornalista proprio per la mia voglia di stare dentro il mondo. E così ho chiesto all'arte di raggiungere un pubblico ampio e che non fosse un'arte confinata nei sotterranei, ma senza correre il rischio di cadere, come la Pop americana, nella didascalia, a discapito del pensiero umano e della capacità di pensare. Ciò spiega il mio approdo al teatro e a Gibellina. Il teatro fu per me una levitazione delle esperienze verbovisive nella dimensione dello spettacolo. Conoscevo anche i processi della musica contemporanea. Sapevo per esperienza che, per spingere il desiderio del pubblico a entrare in un'opera, devi fingere di non volerlo. Devi costringere il pubblico a entrare studiando, questo è l'aspetto educativo fondamentale dell'opera d'arte. Il mio lavoro con la cancellatura è stato, fin dal principio, un gesto di edificazione. Non è un caso che io piaccia agli spiriti mistici. Intravedono nella cancellatura un lasciapassare per l'altrove, che richiede tuttavia una certa preparazione e una predisposizione a vedere la luce nella materia opaca, come faceva Michelangelo estraendo dal marmo una forma «per via di levare». Sapeva che, sotto strati di pietra, era custodita la forma della vita e scavava per trovarla, pur lasciando spesso, nei suoi colossi «non finiti», la pelle, il guscio che li nascondeva, proprio per magnificare la scoperta e, insieme, l'energia concentrata là sotto. Nascondere è importante quando svelare. Cancellare è difficile quanto scrivere. Se «levi», ne cavi forme nuove. E rinforzi il contenuto apparentemente negandolo.

Io ~~non~~ cancello la forma. Io, semmai, la fraintendo,

quando la piego in una direzione di senso assoluto. Io fraintendo anche la mia stessa cancellatura quando, nel desiderio di parlare agli altri, la uso come arma di difesa contro una società mediatica che appronta la sua comunicazione su immagini prepotentemente iconiche. Eppure, nonostante un dispositivo complesso e un processo a prima vista contraddittorio, lo spettatore mi ha comunque seguito. Sono stato capito da un pubblico che ho voluto al mio fianco come collaboratore ideale della mia opera. Perché l'opera si completava nel suo sguardo e nella sua lettura. Certo, ho dovuto pazientare. Ho tardato a raggiungere questo assenso per via degli equivoci che la cancellatura, come atto in sé, generava. Ma sono stato immobile e pacifico, ispirandomi all'arte della calma di Plutarco. I filosofi eterni sono coloro che accettano ben volentieri il fraintendimento delle loro riflessioni, non chiedendo mai di essere veramente capiti. I poeti immortali sono quelli che non si preoccupano di sapere da dove vengono e dove vanno le loro parole.

Quando è dilagato l'uso della cancellatura a vari livelli e in vari ambienti, mutuata (o copiata...) dalla mia ricerca, tutti si sono accorti dell'esistenza di un vecchio signore che cancellava da decenni ed è venuta loro la curiosità di conoscermi. Ho atteso diligentemente che tutte queste pedine – il pubblico, il mercato, la critica – andassero al loro posto prima di cominciare a giocare. Sono stato fortunato, lo ammetto. Un altro meno fortunato, se avesse fatto quello che ho fatto io, sarebbe sparito dalle mappe. Ma la mia sopravvivenza è la prova di quanto il lavoro fosse forte. Qualcuno mi ha addirittura chiamato «genio». Parola che cancello volentieri, visto che nel mondo dell'arte contemporanea i geni si sprecano e i mercanti fanno a gara per promuoverli come tali. Io preferisco essere un uomo normale, che magari si emoziona un po' più degli altri e ha la capacità di esprimerlo meglio degli altri. Se il genio ha una grande attitudine alla pazienza come diceva Goethe nel *Faust* – «Chi ha diritto e pazienza vede il tempo arrivare» – allora, tutto sommato, lo sono, perché di pazienza ne ho avuta fin troppa nella mia vita; essendo un pigro, temevo che il pubblico me lo rimproverasse, pertanto ho dovuto lavorare di più, ho dovuto ingegnarmi. Però il pubblico attento, di norma, è tollerante con gli artisti, perché sa che gli artisti pagano salato il prezzo della propria libertà. Io dico spesso che una società è matura quando accetta gli artisti scomodi.

Ora non so, in tutta onestà, se io sia stato più scomodo o più frainteso. In entrambi i casi mi ritengo soddisfatto. Rendendomi «scomodo» ho fatto in modo di non allinearmi ai canoni di nessun tempo in cui ho vissuto, a sorprendere e a creare turbamento. Dall'altra parte, come artista, mi sono sempre potuto permettere quel tanto di fraintendimento che è utile agli uomini per sopravvivere. Meister Eckhart, un mistico tedesco secondo il quale la verità sfugge all'uomo quando è troppo detta e troppo conclamata, diceva: «Solo la mano che cancella può scrivere il vero». Queste parole credo rappresentino esattamente quel che accade oggi in una società informatizzata che ci rende tutti sordi e tutti ciechi, perché non sappiamo da dove le parole arrivano e dove vanno. Bisogna velare le cose (e le parole) per rivelarle. Bisogna diffidare di una comunicazione ossessiva in cui tutte le informazioni si equivalgono e proprio per questo si cancellano a vicenda.

Alla fine sarà automatico il sospetto che l'arte sia fondata sul fraintendimento assoluto del mondo e dei linguaggi umani. E così la stessa filosofia. Tanto che anche il peggiore dei poeti, messo alle strette, è obbligato a farsi un po' filosofo; mentre il migliore dei filosofi, una volta con le spalle al muro, è costretto a farsi totalmente e completamente poeta.